编著 广州市人大常委会法制工作委员会法规一处
广州市急救医疗指挥中心

《广州市社会急救医疗管理条例》立法评览

主　编　范宇红　李双明
副主编　邓成明　刘伯灵　张　勇

·广州·

图书在版编目（CIP）数据

《广州市社会急救医疗管理条例》立法评览/广州市人大常委会法制工作委员会法规一处，广州市急救医疗指挥中心编著；范宇红，李双明主编；邓成明，刘伯灵，张勇副主编. --广州：中山大学出版社，2024.9.
ISBN 978-7-306-08160-5

Ⅰ. D922.164

中国国家版本馆 CIP 数据核字第 2024TP7240 号

《GUANGZHOUSHI SHEHUI JIJIU YILIAO GUANLI TIAOLI》LIFA PINGLAN

出 版 人：王天琪
策划编辑：邓子华
责任编辑：邓子华
封面设计：曾　斌
版式设计：曾　斌
责任校对：吴茜雅
责任技编：靳晓虹
出版发行：中山大学出版社
电　　话：编辑部 020-84110283，84113349，84111997，84110779，84110776
　　　　　发行部 020-84111998，84111981，84111160
地　　址：广州市新港西路 135 号
邮　　编：510275　　　　传　真：020-84036565
网　　址：http://www.zsup.com.cn　　E-mail:zdcbs@mail.sysu.edu.cn
印 刷 者：广东虎彩云印刷有限公司
规　　格：787mm×1092mm　1/16　7.75 印张　150 千字
版次印次：2024 年 9 月第 1 版　2024 年 9 月第 1 次印刷
定　　价：40.00 元

本书编委会

编　著：广州市人大常委会法制工作委员会法规一处

广州市急救医疗指挥中心

主　编：范宇红　李双明

副主编：邓成明　刘伯灵　张　勇

编写小组成员（按姓氏笔画排序）：

林丽静　罗红彬　曹　智　葛自丹　曾　睿

前　言

新修订的《广州市社会急救医疗管理条例》[①]（以下简称《管理条例》）于2023年5月1日起施行。原《管理条例》于1996年制定，自实施以来，对规范广州市社会急救医疗行为、保障公民身体健康和生命安全发挥了重要作用。但随着经济和社会的发展，原《管理条例》部分内容已难以满足人民群众对社会急救医疗的现实需求，原有的急救医疗体系难以有效应对重特大突发事件和复杂情况下的紧急医学救援任务。为此，在充分调研、评估的基础上，广州市急救医疗指挥中心在广州市人民代表大会常务委员会法制工作委员会、广州市司法局、广州市卫生健康委员会的关心指导下，围绕解决社会急救医疗工作中的痛点、难点、堵点问题，积极开展《管理条例》的修订工作，让院前急救生命通道畅通，为抢救生命保驾护航。

《管理条例》的修订，充分践行人民至上、生命至上的理念，总结广州市在抗击新型冠状病毒感染疫情中好的经验、做法，首次将全链条做好传染病患者或疑似传染病患者的院前医疗急救写入法规；在制度设计上进一步提升"120"急救医疗指挥中心调度的能力和水平，提高急救快速反应水平和标准，强化部门联动；将"时间就是生命"的要求转化为实实在在的法规条文，贯通"急"与"救"各环节上的堵点，争分夺秒地将急救人员送到患者身边，并将患者送至医院。此外，关于急救培训、社会公众参与急救、公共场所配置自动体外除颤器等，《管理条例》也做了明确的规定，力争在最佳抢救时间"黄金4分钟"内做出急救处理，提高抢救成功率。

为做好《管理条例》的宣传和贯彻实施，我们组织编写了本书，力求

---

① 广州市第十六届人民代表大会常务委员会公告（第12号），1995年11月29日广州市第十届人民代表大会常务委员会第二十一次会议通过，1996年6月1日广东省第八届人民代表大会常务委员会第二十二次会议批准，2010年10月29日广州市第十三届人民代表大会常务委员会第三十五次会议第一次修订，2011年1月17日广东省第十一届人民代表大会常务委员会第二十四次会议批准，根据2015年5月20日广州市第十四届人民代表大会常务委员会第三十九次会议通过并经2015年12月3日广东省第十二届人民代表大会常务委员会第二十一次会议批准的《关于因行政区划调整修改〈广州市建筑条例〉等六十六件地方性法规的决定》修正，2022年8月19日广州市第十六届人民代表大会常务委员会第五次会议第二次修订，2022年11月30日广东省第十三届人民代表大会常务委员会第四十七次会议批准，2023年5月1日起施行。

能完整地展现《管理条例》修订的立法原意和重点内容。广州市人民代表大会常务委员会法制工作委员会、广州大学法学院给予大力支持和协助，派员参与本书的编写、修改、校正等工作，在此表示衷心的感谢！

由于编者水平有限，本书难免有不足之处，恳请批评指正。

编者

2024 年 1 月 22 日

目录

第一章　广州市社会急救医疗立法意义与演进

第一节　广州市社会急救医疗立法意义

《广州市社会急救医疗管理条例》（以下简称《管理条例》）由广州市人民代表大会常务委员会（以下简称广州市人大常委会）于1996年制定，同年9月5日公布，9月25日起施行。该条例的制定意义重大，对规范广州市社会急救医疗行为，及时有效抢救急、危、重伤病员，保障人民群众身体健康和生命安全起了重要作用。

一、具有先行立法的重大意义

《管理条例》作为全国范围内以急救医疗为主题的第一部地方性法规，具有先行立法的重大意义——没有上位法作为依据，立法者根据相关法律法规的基本原则来制定。一方面，立法者收集并梳理国际上其他国家或地区的立法例，取其精华并进行地方性改造；另一方面，立法者经过大量的调研掌握本地急救医疗领域内亟待解决的痛点、难点和堵点，并由法学和医学专家充分论证，通过多种渠道广泛听取民意，形成1996年施行的《管理条例》。

二、具有提供地方立法经验的重大意义

在缺乏国家层面的专门针对急救医疗服务体系管理的法律法规和规范性文件的前提下，1996年施行的《管理条例》的颁布，不仅在维护广州市正常的社会急救医疗秩序、促进社会急救医疗事业发展方面发挥了重要作用，还为中央层面的立法，即2014年施行的《院前医疗急救管理办法》（国家卫生和计划生育委员会令，2013年11月29日发布，2014年2月1日施行）提供了地方立法经验，对促进全国急救医疗事业发展功不可没。

三、具有促进外地立法的重大意义

《管理条例》自1996年正式施行以后，对全国部分大城市将急救医疗纳入法制轨道起了样本作用。成都市、贵阳市、青岛市、徐州市、郑州市、南宁市等地先后出台了与社会急救医疗相关的管理条例或规范。这为我国社会急救医疗事业发展走上法治道路提供了有力保证；同时使各地在加强急救医疗服务队伍的管理、规范急救医疗行为、拯救生命、保障社会急救管理有序高效进行等方面均有法可依。

第二节　广州市社会急救医疗立法演进

《管理条例》自1996年制定并实施以来，分别于2010年10月29日修订，2015年12月3日修正，2022年11月30日进行第二次修订。

一、1996年首颁《管理条例》

作为全国首部以急救医疗为主题的立法，《管理条例》以着重解决急救医疗领域内群众急难愁盼问题为指导思想，未分章节，共29条，主要体现以下几个方面特点。

1. 明确基本概念和适用范围

1996年施行的《管理条例》首先界定了社会急救医疗的范围，指出该条例中所规范的社会急救医疗是指“对急危重伤病员的事发现场和转送医院途中的急救医疗”，从而明确了条例规制范围仅限于现场急救、紧急运送行为及运送途中的急救三个环节，排除了送达医院后的急救环节，但同时又包括在运送伤病员途中的急救，以凸显急救的紧急性。

2. 明确政府及各职能部门的职责

1996年施行的《管理条例》明确政府及各职能部门的职责，既是依法行政的要求，又是保障急救医疗事业健康、顺畅发展的前提条件。该《管理条例》第四条规定了各级政府应当“把社会急救医疗事业纳入本地区社会经济发展规划，保障社会急救医疗事业与社会经济同步协调发展”。该《管理条例》要求各级政府重视社会急救医疗事业的发展，提出随着经济发展，急救医疗事业的保障水平也要逐步提升。该《管理条例》规定了卫生行政部门和公安、消防救援、交通运输、民政、通信管理、港务等有关行政管理部门和单位对急救医疗工作的职责。各部门各司其职，为急救医疗事业的发展提供基本保障。

3．明确急救医疗单位的职责

1996年施行的《管理条例》采取统一指挥型急救模式。广州市急救医疗指挥中心统一接听急救电话后在急救医疗网络医院中统一调配车辆，承担检查、督促各级急救站执行急救任务等职责。该《管理条例》规定了急救医疗网络中的急救医疗指挥中心、中心急救站、急救站和基层急救站在急救中的职责。

4．设置相关制度

1996年施行的《管理条例》围绕急救做文章，设置相关制度以保证急救过程和效果。例如，该《管理条例》设立首诊负责制和二十四小时应诊制，要求作为中心急救站和急救站的医疗机构不得拒绝抢救和收治急危重症患者；规定救护车出车时间，即在接到救护信息后，救护车的出车时间应为日间5分钟、夜间10分钟；明确救护车优先通行规则。

5．规定其他主体的协助义务

1996年施行的《管理条例》规定其他主体的协助义务。首先，任何人发现需要救援的伤病员，应当帮助其拨打“120”呼救电话或者向附近急救站呼救；其次，社会各部门、单位和个人接到呼救信息时应当给予援助，其运输工具有承担运送伤病员的责任；再次，电信部门必须保证“120”呼救专线电话通畅，并及时向广州市急救医疗指挥中心提供所需的技术和资料；最后，规定各类易发生灾害事故的企业、事业单位，应当建立专业性或者群众性的救护组织，并按规定配置急救药械。

6．明确违反条例的法律责任

1996年施行的《管理条例》的条文数量虽然不多，但是为了保证立法的刚性，结合法规为各类重要主体设定的义务规定了法律责任，包括政府和相关职能部门及其工作人员的法律责任，急救医疗网络中各医疗机构及工作人员的法律责任，辱骂、殴打医务人员或者毁坏医疗设备等行为的法律责任。

二、2010年10月29日第一次修订《管理条例》

1996年施行的《管理条例》的颁布、实施是将急救医疗纳入法制化轨道的开端，从而开启依法发展社会急救医疗事业、维护人民群众生命健康安全的序幕。该《管理条例》实施以来，为规范广州市社会急救医疗行为提供重要的法律依据，有力地促进广州市急救医疗事业发展，疏通急救医疗各个环节之间的衔接流程，实现急救医疗过程中“急”的目标，缩短急救伤病员到院急救的时间，在一定程度上保证急救效果。但是，由于社会经济形势的发展变化，该《管理条例》的内容已经不能满足社会需求。随着国家治理现代化水平的不断提升，为了提高人民群众的满意度和获得感，在1996年施行的《管理条例》实施近15年时间后，广州市人大常委会决定对其进行修订，于2010年依法启动修订程序，形成《管理条例》修改稿，并于2011年7月1日起施行。

2010年修订后的《管理条例》有较大变化：①在体例结构方面，1996年施行的《管理条例》不分章节，条文数量仅有29条；2010年10月29日第一次修订后的《管理条例》设置章节，全文分为6章，包括总则、社会急救医疗网络、社会急救医疗救治、社会急救医疗保障、法律责任、附则，条文数量也增至47条。②在条文内容，也较2010年10月29日第一次修订前的《管理条例》更为具体和完整。其亮点主要表现在以下几个方面。

1. 高度贯彻民主立法原则

随着国家民主法制化进程的加快和人民民主意识的提高及参与意识的增强，广州市在立法的过程中特别注重以各种方式广泛征集民意，集中体现民主立法的基本原则。在2010年修订《管理条例》的过程中，除常规的行政相对人座谈会和挂网征集立法建议外，还以召开立法听证会的方式征集立法建议，听证事项聚焦于当下社会各界人士普遍关注、与人民群众利益密切相关且存在较大争议的问题：①“120”救护车急救的伤病员或者其近亲属是否可以选择救治医疗机构。②法规是否应当对“120”救护车出车和到达急救现场的时限做出具体规定。通过立法过程中的民主参与形式，不仅能够最大限度地了解民意，而且也使民众高度关注这部法规，因而起到对法规宣传的作用。

2. 促进急救医疗事业平稳发展

急救医疗事业的发展和急救医疗水平的提升关乎人民群众生命健康权的

实现程度。因此，在2011年施行的《管理条例》有了以下变化：①突出规范急救医疗队伍管理和培训，提高了从事“120”急救工作执业医师和执业护士的条件。其要求独立从事“120”急救工作的执业医师必须具有3年以上的临床实践经验；参与实施“120”急救工作的执业护士，则必须具有2年以上的临床实践经验。②扩大了专业技能培训的适用范围。由仅针对医护人员进行业务培训，扩大至从事“120”急救工作的担架员和驾驶员也应当参加并通过市卫生行政主管部门组织的相关急救知识和技能培训，以此保证急救运送的专业性，最大限度地避免对急危重症患者的二次伤害。

3. 强化救护车管理，缩短出诊时间

2010年修订后的《管理条例》对“120”急救车辆的配置、使用等方面做出规定，予以规范化管理。例如，《管理条例》（2010年10月29日修订）规定：“120”急救车辆应当按照规定安装并使用统一的警示灯具、报警器和急救医疗标志；“120”网络医院应当定期对车辆及其急救医疗器械、设备进行维护、保养、清洁和消毒，保障“120”急救车辆车况良好。此外，该《管理条例》对“120”出车时间也进行调整，将原来条例中规定的“120”网络医院在接到调度指令后日间5分钟、夜间10分钟内派出救护车改为“120”网络医院在接到调度指令后4分钟内派出救护车，最大限度地缩短急诊出车时间，真正以急危重症患者为本，不再区分日间和夜间规定不同的急诊出车时间，体现人民至上、生命至上的基本理念。

三、2022年第二次修订《管理条例》

2022年8月19日修订《管理条例》（2023年5月1日施行）时，正处于抗击世界范围内的新型冠状病毒感染疫情的关键时期。2022年修订《管理条例》的过程中，立法者不仅注重平常时期的急诊救治方案，还在总结广州市抗击疫情过程中的经验和教训的基础上，充分考虑在传染病大流行的特别时期，如何通过进一步完善社会急救医疗管理的制度设计，将包括传染病急救在内的全链条急救救治工作纳入社会急救医疗地方立法中，避免在疫情防控中出现“120”急救不及时、医疗机构拒绝接收或者延误救治患者等情况。修订后的《管理条例》包容性和针对性更强，为广州市社会急救医疗事业的稳步发展提供更有力的制度保障和规范支撑。

2022年8月19日修订后的《管理条例》适应社会发展状况和需求，扩大了条例的适用范围，将社会公众急救与院前医疗急救共同作为调整对象，

增加了社会公众急救章节。2022 年 8 月 19 日修订的《管理条例》由总则、院前医疗急救网络、院前医疗急救救治、社会公众急救、社会急救医疗保障、法律责任、附则七章构成，共 53 条。[①]

① 2022 年 8 月 19 日修订的《管理条例》的主要特点和内容体现在后续章节中，故此处不做阐述。

第二章　广州市社会急救医疗立法条件和立法后评估

第一节　广州市社会急救医疗立法条件

立法是民意的集中表达。在建设法治国家的过程中，立法已经成为政治生活和社会生活中的中心问题，解决各类主体权利义务问题的基本途径是将其纳入法律框架内进行制度性规约。但是当代中国社会正处于高速发展和转型期，新兴社会群体不断出现，社会利益集团也呈多元化、碎片化等特点，并具有复杂性和不稳定性。新旧观念的碰撞及新旧体制的变更也导致社会秩序的重构存在各种潜在的可能，从而会影响立法的选择和结果。因此，在立法之前，需要制订五年立法规划和年度立法计划，将目标时间段内亟待法律调整解决的问题，按轻重缓急的顺序及立法成熟条件进行排序，能够进入年度立法计划的项目须同时满足具有必要性和可能性两方面的条件。2021 年 3 月，广州市人大常委会将修订《管理条例》列入 2022 年立法工作计划的正式项目，在一定程度上说明立法修订具备相应的主观、客观条件。

一、主观条件

（一）科学的立法指导思想

通过立法明确以习近平总书记关于防范化解重大风险和疫情防控的重要讲话和重要指示批示精神作为指导思想，以保护人民群众生命安全和身体健康为目标，补短板、强弱项，聚焦广州市社会急救医疗和紧急医学救援体系与能力建设，从体制机制上创新和完善急救医疗体系，切实提高院前医疗急救、突发事件的紧急医学救援处置效率和指挥水平，加快形成与国际大都市功能定位相匹配的院前急救和紧急医学救援管理体系，为实现老城市新活力、“四个出新出彩” 提供支撑，从而使急救医疗立法具有明确的方向。在

涉及相关利益主体冲突时，具有价值衡量和选择的基本准则为2022年《管理条例》的修订提供了先决条件。

（二）重视立法对社会急救医疗事业的促进作用

社会急救医疗事业是公益性事业。在急救医疗发展所需的软件、硬件等条件及其持续发展需要的政策中，首先，需要政府提供保障；其次，在将社会急救医疗定义为“大急救”的趋势下，需要鼓励社会力量以多种方式参与社会急救医疗活动。无论政府的投入还是社会力量的参与，均需要在立法中予以明确。在急救医疗领域尚缺乏狭义法律、行政法规层面专项立法的背景下，广州市制定地方性法规，为急救医疗事业发展提供法律依据显得尤为重要。

广州市人大常委会、广州市政府及广州市卫生健康委员会认识到立法对社会急救医疗事业稳步发展所具有的不可或缺的重要意义，故非常重视社会急救医疗立法。广州市卫生健康委员会提出应进一步强化广州市公共卫生法治保障，需要通过法治的方式规范社会急救工作复杂多变的情况，提升急救医疗领域的法治化程度，同时增强急救医疗事业规范发展的系统性和专业性。

（三）丰富的社会急救医疗立法经验

1996年，广州市人大常委会率先开展地方急救立法，出台了我国关于院前急救的第一个地方性法规《管理条例》，对急救医疗各级机构职能、人员岗位职责、运转程序规范，医务人员的相关优惠政策，以及公安、电信、交通等与院前急救相关的各行政部门的职责等问题均做出较为详细的规范，改变以往急救医疗保障工作无法可依的状况，使广州市院前急救医疗事业走上法治化的轨道。

随着经济社会的发展，民众对急救医疗提出新的、更高的要求。为了回应社会关切，广州市于2010年对《管理条例》进行修订，调整了急救医疗网络医院的确定标准，对出诊时间、到达时间、执业医师的临床经验、救护车的管理、服务质量等方面提出更严格的要求；进一步规范急救医疗服务队伍的管理及培训；增加担架员及驾驶员的培训，同时增加病员及其近亲属在满足一定条件下有选择救治医疗机构的权利，在维护公共利益与个人利益之间寻求新的平衡点，做到立法中的利益兼顾。此外，结合调研情况，增加突发公共卫生事件的应急反应等内容。

无论是在1996年制定急救医疗条例时，还是在2010年的修订过程中，每次立法前立法者均进行大量的社会调研，并以各种方式征求各机关、行业、群体的意见，掌握急救医疗立法需求的第一手资料，同时，也积累了较为丰富的立法经验，从而为2022年《管理条例》的修订提供良好的经验借鉴与参考。

（四）顺应急救医疗制度供给的新需求

霍布斯言："良法就是为人民的利益所需而又清晰明确的法律。"当社会需求发生变化、人民的诉求随着经济社会发展而不断提升的时候，制定或者修订法律成为一种必然。否则严重滞后的法律制度将成为一纸空文，不仅不会助力社会的法治化进程，反而会降低法的公信力。因此，法律的内容必须与社会实践的变化保持同步，应随着经济社会的发展和人们观念的改变不断调整法律制度和具体规定，从而保持法的生命力和现实约束力。

排查现有制度的不足是完善制度供给满足制度需求的必要条件之一。广州市急救医疗体系通过2021年开展的一系列立法调研活动，了解到现存社会急救医疗系统的实践状况，熟悉急救医疗工作的难点和痛点；了解社会急救医疗法律关系中所关涉主体的争议焦点、存在的问题焦点等立法过程中的核心问题；通过2020年开展的立法后评估，全面、系统地梳理了现存制度的不足，如急救指挥调度工作模式和队伍建设明显滞后、缺乏标准化的急救与灾难医学培训演练场地、缺乏应急物资和重大活动医疗保障物资库、缺少属于指挥中心直属的急救站点、急救转运系统在应对疫情防控工作中存在风险漏洞等。现有制度供给不足为法规的修订提供了现实、必要性条件，同时指明了法规修订完善的方向，使立法修订做到有的放矢。修订后的法规更顺应急救医疗制度供给的新需求。

二、客观条件

（一）适宜的立法时机

新型冠状病毒感染疫情不仅对医疗系统是一个极大的考验，对急救医疗的机制和体制也同样是一场实战大考。在应对疫情的过程中，广州市急救医疗体系的薄弱环节充分暴露。例如，原有的急救医疗体系难以有效地应对重特大突发事件和复杂情况下紧急医学救援任务，医疗队伍人数较少，急救医疗设施设备不充足。上述问题亟待改进。修订法规能适时对急救医疗体制和具体制度进行补充完善，可为急救医疗事业发展提供保障。此外，在非疫情时期，为了提升急救医疗水平，使广州市的急救医疗能够与国际化大都市的地位相匹配，广州市也应当尽快提升急救医疗的能力和水平，顺应民众对高质量急救医疗服务的需求，回应民众的期待。这次应对疫情所取得的经验和暴露出来的问题说明进行急救医疗立法修订的时机已经成熟。

（二）具有一定的物质条件支撑

广州市社会急救医疗设施具有一定的基础。广州市院前急救任务自1953年由7所医院分片负责，发展到20世纪80年代由20所综合医院分片承担，于1989年投入1 700万元以开通“120”急救专线电话，建立广州市急救医疗指挥中心。目前，广州市的急救医疗指挥机构包括广州市急救医疗指挥中心和5个分中心（即花都区、增城区、从化区、番禺区和南沙区急救医疗指挥分中心），为“1+5”的架构，承担急救医疗指挥调度任务，相对应区域的“120”网络医院共有140家。可见，广州市社会急救医疗网络建设较为完善，能够为立法修订提供硬件层面的支撑。

（三）科学民主的立法机制

科学民主的立法机制为高质量立法提供组织保障。长期以来，广州市的“开门立法”走在全国前列，基层立法联系点和广大人民群众的认可度亦较高。随着法律观念和法治意识的提高，人们对立法有更高的期待。正如习近平总书记所说，“人民群众对立法的期盼，已经不是有没有，而是好不好、管用不管用、能不能解决实际问题”。

正如托克维尔所言，法律只要不以民情为基础，就总要处于不稳定的状态，民情是一个民族唯一的、坚强而耐久的力量。广州市建立常态化的开门立法机制，在立法的过程中，通过广泛调研、专业论证、走访基层立法联系点、征求行政相对人意见、征求相关部门或者单位意见、上网公征等方式，形成一整套比较完善的征求民意的机制，将贯彻全过程人民民主、提升立法质量作为立法的核心和目标。完善的立法机制是《管理条例》修订的有利条件。

第二节　广州市社会急救医疗立法后评估

一、立法后评估的意旨

（一）旨在回看文本质量

任何立法，文本一经形成，即存在文本质量优劣的问题。立法后评估即重在评估立法文本质量。立法后评估的过程是一个条分缕析、抽丝剥茧地检验文本质量的过程；是一个不断论证、不断确定文本质量的过程；是一个全面回看，全面评判文本质量的过程。针对 2010 年 10 月 29 日修订的《管理条例》进行专项立法后评估，重在系统地评估文本质量。

（二）旨在回看实施效果

立法文本质量主要体现于静态层面。立法实施效果主要体现于动态层面。良好的立法，是静态的文本质量与动态的实施效果齐头并进的立法；善治的立法，是越来越注重条文实施效果的立法。2010 年《管理条例》修订后，其整体实施效果如何？哪些条文得以实施及实施程度如何？哪些条文未被执行及未被执行的原因何在？这些问题均可以被一一予以定性或定量评估。

二、立法后评估的开展

（一）纳入年度工作计划

2011 年以来，广州市人大常委会建立和实行制度化的地方性法规立法后评估工作机制。新型冠状病毒感染疫情暴发后，广州市人大常委会适时将《管理条例》纳入 2020 年度立法后评估工作计划，一方面是为了常态化地开展立法后评估工作，另一方面是为了在制度层面为有效防控疫情提供更坚实的法治保障。

（二）有序开展评估工作

2020年4月，广州市人大常委会法制工作委员会启动立法后评估，委托广州大学法学院地方立法研究中心组建评估团队并开展具体的评估工作。评估团队以《广州市人大常委会立法后评估办法》［广州市人大（含常委会）于2012年9月25日发布，2012年10月1日实施］为依据，紧紧围绕合法性、合理性、操作性、实效性、协调性、规范性，开展一系列的评估工作，主要包括成立评估小组、专家组，制定评估指标、评分表，针对不同调查对象分类设计调查问卷并进行六性分析，设计实地调研座谈会提纲并召开实地调研座谈会，设计个别访谈提纲并进行有针对性的访谈，等等。

三、立法后评估的成果

（一）形成立法后评估报告

2021年1月，评估团队在开展系列评估工作的基础上，形成《管理条例》立法后评估报告。评估报告主要包括评估背景和指导思想、评估准备和过程、评估结果和评估建议。其中，评估建议包括立法建议、执法建议和守法建议。在立法建议部分，评估团队采取形成条文论证表的修订建议方式，结合待修订条款、问题及属性、问题产生原因、问题消极影响、修订紧迫程度、修订建议、修订建议理据等提出较为详尽的修订建议。

（二）夯实立法修订基础

立法修订基础扎实有益于保障立法修订质量。虽然立法后评估不是开展立法修订工作的必要条件，但无疑属于充分条件。评估团队提交立法后评估报告后，广州市人大常委会结合评估结论和评估建议，将修订《管理条例》列入2022年立法工作计划。立法后评估成果为2022年修订《管理条例》[①]提供充足的前期准备，这进一步使广州市地方性法规立法由立法后评估至立法修订的成熟经验得以积累。

① 除特殊说明，后文表述的修订均指2022年的第二次修订。

第三章　广州市社会急救医疗立法理念与制度亮点

第一节　广州市社会急救医疗立法理念亮点

立法理念是立法指导思想和价值取向的集中体现，在立法中具有总领意义。立法理念亮点是高质量立法的重要反映和直接表现。

一、立法理念紧扣人民至上，生命至上

公共利益是人民所能享有的利益，人民利益亦是一种最大范围的公共利益。《中华人民共和国立法法》［全国人民代表大会发布，2000 年 3 月 15 日颁布，2023 年 3 月 15 日（2023 年 3 月 13 日修订）实施］第六条第一款规定，立法应当尊重和保障人权；第二款规定，立法应当体现人民的意志。以人民利益为出发点和落脚点，不断解决好人民最关心、最直接、最现实的利益问题，努力让人民过上幸福生活，这是一种最大的人权，更是一种人民深切期盼的人权，还是一种人民高度认可的人权。新时代下，尊重和保障人权的立法是以民为本的立法，是充分反映人民意愿的立法，是切实保障人民利益的立法。

立法理念紧扣人民至上、生命至上：①该立法理念体现于立法目的。在《管理条例》的三重立法目的中，提高社会急救医疗服务水平这一立法目的，体现的是为民服务的理念；及时、有效地抢救急危重症患者这一立法目的，体现的是人民至上、生命至上的理念；保障公民身体健康和生命安全这一立法目的，体现的是保障民生的理念。②该立法理念体现于条文内容。例如，应急系统应当在呼救信息接听完毕后 1 分钟内通知，急救医疗指挥机构应当在 1 分钟内发出调度指令，急救网络医院等主体应当在3 分钟内派出“120” 急救车辆及急救人员，急救人员 15 分钟内不能到达急救现场的应当立即报告等规定，体现的是对人民身体健康利益、生命利益的高度重视。

二、立法理念紧扣社会大急救

时代在发展，理念在发展。紧扣时代脉搏，树立社会大急救的立法理念，凸显社会急救医疗体系建设的新时代风向，是《管理条例》修订的第二大立法理念亮点。

《管理条例》的修订，紧扣社会大急救这一具有战略转向意义的立法理念：①鉴于社会急救医疗体系的建设与运行已逾越医学领域范畴，需要多领域、多部门、多主体形成合力，增加发展改革、应急管理、规划和自然资源等十几个关联部门的职责，强调多部门共同树立及践行大急救的理念，体现参与部门的扩大。②提出加强与我国香港特别行政区、澳门特别行政区及周边城市社会急救医疗交流和合作的要求，体现粤港澳大湾区这一空间范围上的扩大。③将区域急救医疗中心、急救医疗指挥机构直属急救站纳入院前急救医疗网络，表现出网络层级和节点的扩大。④注重社会公众急救力量建设，显示参与主体的扩大。

三、立法理念紧扣社会公共安全

当今社会，在传统的军事安全之外，整体安全、制度安全、人的安全等非传统安全范畴的重要程度日趋凸显。社会急救医疗水平的高低关乎城市公共安全应急保障水平的高低。城市公共安全应急保障水平的高低关乎社会稳定程度的高低和人民群众安全感、归属感、幸福感的高低。

富有温度的立法，是以人民群众社会公共安全感为重的立法。《管理条例》的修订，具有领先性地紧扣社会公共安全这一立法理念：①新增社会急救医疗是社会公共安全重要组成部分的规定，既回应保障公民生命安全这一立法目的，又回应人民群众对社会公共安全程度高的期盼。②新增突发事件医疗应急预案、医疗保障与应急物资储备库、紧急医学救援专家库和紧急医学救援队、紧急医学救援演练等内容，在应急规范层面体现重视社会公共安全的站位高度。

第二节　广州市社会急救医疗立法制度亮点

立法制度是立法中最核心的组成部分。优化立法制度是《管理条例》修订工作的重中之重。《管理条例》的亮点精彩纷呈，全流程管理、急救网络、急救能级等多项制度设计在全国居于首创或领先地位。

一、立法勇担当，优化全链条急救制度

《管理条例》立法制度核心亮点之一是，在总结广州市抗击疫情优秀经验的基础上，首次规定有关疑似传染病患者的院前医疗急救制度。《管理条例》第二十六条第一款针对需要特殊防护的疑似传染病患者，明确规定进行全流程管理：急救医疗指挥机构在呼救信息中发现患者→指导患者做好防护→立即发出调度指令→“120”急救网络医院、区域急救医疗中心或急救医疗指挥机构直属急救站派出急救车辆和急救人员，急救人员在救治现场发现患者→立即向急救指挥机构报告→将患者送往指定医院。

疑似传染病患者的相关新规定内涵丰富：①充分展现勇于担当的立法精神。新规定源于抗疫经验，疫情期间在适用紧急法治的背景下，对疑似传染病患者进行全流程管理在极大程度上是出于一体化抗疫的需要。第二十六条第一款未将疫情时期设定为前提。这种不区分情形的制度扩展体现了任何时期均以生命为重、人民利益为重的立法担当。②在立法内容上具有首创意义。在当前各地院前医疗急救立法中，尚无面向疑似传染病患者的专门规定。③在立法技术上具有补充作用。细化或补充上位法是地方立法的重要功能。新规定适时补充了《中华人民共和国传染病防治法》（1989 年 2 月 21 日第七届全国人民代表大会常务委员会第六次会议通过，2004 年 8 月 28 日第十届全国人民代表大会常务委员会第十一次会议修订，根据 2013 年 6 月 29 日第十二届全国人民代表大会常务委员会第三次会议《关于修改〈中华人民共和国文物保护法〉等十二部法律的决定》修正）、《中华人民共和国突发事件应对法》（主席令第六十九号，2007 年 8 月 30 日第十届全国人民代表大会常务委员会第二十九次会议通过）、《突发公共卫生事件应急条例》（2003 年 5 月 9 日中华人民共和国国务院令第 376 号公布，根据 2011 年1 月 8 日《国务院关于废止和修改部分行政法规的决定》修订）等

上位法中有关疑似传染病患者规定的缺失。

二、立法采众长，优化急救网络制度

我国当前城市院前医疗急救模式主要有院前院内联动的结合型、院前急救指挥机构统一调度的指挥型、院前指挥调度相对独立又附属于一个综合医院的附属型、由消防机构负责院外急救和重大事故救援的消防型等模式。每种院前医疗急救模式均具有自身的特点与优势。

良法善于集采众长。《管理条例》的立法制度亮点之二是善于兼收并蓄，顺应了广州市院前医疗急救模式立体发展、多层级发展、综合发展的刚性需求：①将区域急救医疗中心、急救医疗指挥机构直属急救站新增为院前医疗急救网络主体力量，并对广州市卫生健康行政主管部门提出根据本市实际情况予以设立的具体要求。②新增探索建立院前医疗急救与消防救援统筹建设模式的内容。

新增内容体现精湛的立法技术。新增内容体现了构建集统一指挥调度、区域与区域联动、院前医疗急救与消防救援联动于一体的综合型院前医疗急救模式；首次以法规形式引领全国从指挥型急救体系向复合型急救体系转型，表明对贯彻落实“健康中国”战略的立法决心；因地制宜，立基于广州市院前医疗急救网络建设的现实需求，具有地域特色；根据“应当根据本市实际情况”和“探索”的不同要求、不同定位、不同功能进行恰当的区分；可操作、可落实。广州市中心城区区域急救医疗中心的成立是有力的印证。

三、立法强建设，优化急救能级制度

社会急救医疗能级建设是社会急救医疗体系建设的核心。在提高城市综合竞争力、社会急救医疗质量、突发事件应急能力等发展需求下，越发凸显社会急救医疗能级建设的重要性。在效果和效益上，社会急救能级建设亦是常建常新，越建越强。

高质量立法注重多措并举。《管理条例》的立法制度亮点之三是高度重视急救能级优化，多方位、多途径地助力社会急救医疗能级建设：①提高院前医疗急救网络能级建设。②提高院前医疗急救质量能级建设。新增的相关内容主要包括完善急救医疗指挥职责，增加考核指挥调度人员、急救人员的要求；新增急救指挥调度人员应当具备专业指挥调度能力和水平的要求；增加全程动态信息化管理的内容；增加在“120”急救网络医院职责中补充担架员、驾驶员纳入岗前和岗位培训教育制度的要求；增加指挥调度人员可以对呼救人员给予必要的急救指导的内容；将4分钟的响应时间缩短为3分钟；增加公众急救培训、相关单位配置自动体外除颤器的内容。③提高应急急救医疗能级建设，首次以法规形式进行顶层设计，要求发生突发事件时全市各级各类医疗机构服从急救医疗指挥机构统一指挥，并开通急危重症患者就诊绿色通道。④提高急救医疗联动联合能级建设，增加探索建立跨区域社会急救医疗合作机制，探索建立院前医疗急救与消防救援统筹建设模式，建立健全陆地、空中与水上急救医疗联动机制等内容。这些新增内容均是致力于在立法制度层面最大限度地提高广州市社会急救医疗能级建设，最大限度地助力广州市社会急救医疗事业的高质量发展，充分说明立法修订在能级建设上的积极进取和善于实践。

四、立法善平衡，优化部门权责制度

行政权力运行法治化是法治建设的重要环节。有关行政机关职责和权力的配置，应当秉持两者相平衡的原则，既须根据立法需求，明确行政机关应当履行的职责；亦须赋予其必要的权力，满足社会治理的需要。《管理条例》在合理性层面上的亮点是善于平衡部门权责配置。

首先，合理设置部门尤其是行政主管部门的职责：①采取列项和兜底条款方式，规定了广州市卫生健康行政主管部门监督管理和组织实施《管理条例》的总体职责；明确了其应当履行的具体职责，其主要有编制规划，建立指挥平台、自动体外除颤器（automated external defibrillator）电子地图和管理系统、紧急医学救援专家库，设立区域急救医疗中心、直属急救站，制定公共场所急救器械和药品配置指导目录，制订培训计划，制定自动体外除颤器配置规划和规范，制订指挥调度人员、急救人员引进及培养计划，开展急救技能培训等。②明确了区卫生健康行政主管部门在本行政区域内的监督管理职责。③要求发展改革、财政等18个关联行政管理部门和单位应当承担各自职责范围内的社会急救医疗工作。

其次，合理赋予部门权力：①行政机关职责具有双重性，既是责任，又是职权；卫生健康行政主管部门监督管理职责对行政相对人而言，同时体现为一种权力。换言之，卫生健康行政主管部门既有主管责任，又有主管权。

②赋予卫生健康行政主管部门组织确定“120”急救网络医院的权力，赋予市卫生健康行政主管部门建立院前医疗急救网络退出机制的权力，以利于其更好地建设和管理广州市院前医疗急救网络。③赋予卫生健康行政主管部门监督、检查急救医疗指挥机构的权力，以利于发挥督促作用。④赋予卫生健康行政主管部门考核“120”急救网络医院、区域急救医疗中心、急救医疗指挥机构直属急救站的权力，以利于发挥管理和激励等多重功能。

五、立法重权益，优化权利义务制度

权利和义务是同时产生的对应范畴。公民既是权利的享有者，亦是义务的承担者。《中华人民共和国宪法》第三十三条第三款规定，任何公民享有宪法和法律规定的权利，同时必须履行宪法和法律规定的义务。《管理条例》在个人层面的亮点是强调个人[①]权利及权利与义务的一致性。

《管理条例》以人为本，重视个人权益：①有关个人权利的条款较为完备。在地方行政立法中，出于管理或者规范的需要，对个人更多地呈现为义务层面的要求。相对而言，《管理条例》不乏个人权利的规定，主要有医疗机构选择建议权，患者获得及时救治的权利，拨打“120”急救电话反映被拒收或延误救治情况的权利，发生突发事件时享有绿色通道的权利，申请查询调取急救呼救受理信息等资料的权利，紧急现场救护行为受法律保护的权利，符合规定的急救医疗费用医保报销、捐助和捐赠的权利，投诉举报的权利等。②涉及制度取舍时，更偏重个人权利。例如，尽管个人享有的医疗机构选择建议权在实际操作中有可能降低急救效率，在修订工作过程中，亦有呼声建议删除这一权利，但基于对个人权利的尊重和维护，也基于人文关怀人性化等层面的考量，仍予以保留。又如，医疗机构不得拒收或延误救治包括疑似传染病患者在内的患者、应急期间开通绿色通道的义务设定，所对应和侧重的亦是个人权利。

遵循有权必有责的设置法则。个人应当履行的义务主要有：①患者或其监护人等协助现场急救人员、患者或其监护人等，在特定情形下配合急救人员，不得扰乱院前医疗急救秩序。②行人避让急救车辆和人员，为急救车辆和人员提供方便等义务。其中，患者或其监护人、近亲属的协助义务属于首

---

① 急救医疗指挥机构、急救网络医院、公共场所等特定单位的权利与义务详述于后续章节，此处仅指个人。

次以法规形式进行的设定，具有立法创新性。

六、立法举群力，优化共建共享制度

当今社会，是共建、共治、共享的社会。社会急救医疗事业的有序发展需要遵循共建共享的原则，举全社会之力践行“大急救”理念，举全社会之力共同建设、共同享有广州市社会急救医疗资源。

科学的立法因时应势。在社会力量层面的亮点是顺应社会力量建设需求，强调社会急救医疗资源的共建共享：①在实质内容上，增加鼓励为有医疗急救需要的人拨打“120”呼救专线电话，鼓励具备急救能力的个人在医疗急救人员到达前对患者实施紧急现场救护，支持和鼓励社会力量参与社会公众急救活动，探索建立志愿者参与社会公众急救工作机制，探索建立医疗急救志愿者呼叫平台，建立公众急救培训体系，在部分公共场所和单位配置自动体外除颤器等内容。②将修订前的社会急救医疗概念予以区分，从院前医疗急救和社会公众急救两个层面进行界定。③调整体例结构，增加社会公众急救专章。实质内容上的新增强化了社会公众急救主体力量建设程度，概念上的区分提高了条文表述的规范程度，章节上的整合提高了体例上的规范程度。

七、立法长推进，优化急救保障制度

强化保障机制是立法改进的重点方向之一。《管理条例》在保障制度层面的亮点是注重推进人、财、物建设：

（1）完善经费保障机制，进行的增补主要有：①根据院前医疗急救网络的新增主体，将区域急救医疗中心、急救医疗指挥机构直属急救站在从事“120”急救医疗时的支出纳入补贴范围。②将临时承担院前医疗急救任务的医疗机构在从事“120”急救医疗时的支出纳入补贴范围。③要求卫生健康行政主管部门应当按照补贴标准据实支付“120”急救医疗补贴。

（2）大幅度地提高社会急救医疗硬件资源等方面的保障力度，增加财政投入，完善布点的要求；增加按照国家有关规定和本市实际需要配备“120”急救车辆的要求；增加建立“120”急救车辆清洗消毒场所的要求；增加建设急救与灾难医学技能培训基地、医疗保障与应急物资储备库的要求。

（3）强调人员建设，新增加强急救医疗队伍建设、制订人员引进培养计划、鼓励开设急救专业课程的内容，以及新增建立突发事件紧急医学救援专家库、二级以上综合医院建立紧急医学救援队的要求。

（4）新增将院前医疗急救服务产生的符合规定的医疗费用纳入城镇职工医疗保险、城乡居民医疗保险报销范围的内容。

关于经费的新增内容应对了补贴主体不全、补贴数额不实的问题，《管理条例》提高了条文权责配置的合理程度，有关资源的新增内容应对了布点、车辆、清洗消毒场所等建设制度支撑不够充分或缺乏的问题，有关人员的新增内容应对了急救人员存在职业发展瓶颈的问题。这些新增内容高度体现立法修订对社会急救医疗保障机制的推动与优化功能。

第四章　广州市院前医疗急救网络组成与运行

第一节　广州市院前医疗急救网络组成

一、广州市院前医疗急救网络之建设意义

（一）提升院前医疗急救网络建设能级

急救医疗工作的顺利开展需要以完备的急救医疗网络为基础。在社会急救医疗体系这张大网络中，院前医疗急救网络具有核心地位、主干地位。在一定程度上，广州市院前医疗急救网络的建设及其能级代表着社会医疗急救网络的建设及其能级。

（二）及时回应广州市人民群众需求

院前医疗急救关乎生命安全。伴随医学科学技术的飞速发展，人民群众对院前医疗急救服务质量的要求亦日益提高。广州市院前医疗急救网络建设步伐的跟进是对广州市人民群众需求的及时回应与有力的响应。

二、广州市院前医疗急救网络之设置规划

网络建设，规划先行。广州市院前医疗急救网络设置规划是科学、合理地建设广州市院前医疗急救网络的基础和保障，故《管理条例》新增设置规划方面的规定，要求广州市卫生健康行政主管部门应当综合考虑城乡布局、区域人口数量、服务半径、交通状况、医疗机构分布情况、接诊能力等因素，编制院前医疗急救网络的设置规划。

三、广州市院前医疗急救网络之构成

（一）整体构成

广州市院前医疗急救网络在整体上由急救医疗指挥机构和“120”急救网络医院，以及根据实际需要设立的区域急救医疗中心、急救医疗指挥机构直属急救站四个部分组成。相比修订前，《管理条例》增加了区域急救医疗中心和急救医疗指挥机构直属急救站。增加之后的构成更立体多元，更适应广州市院前医疗急救实际工作的需求。

（二）急救医疗指挥机构

广州市社会急救医疗模式以指挥型为特色。广州市的急救医疗指挥机构主要包括广州市急救医疗指挥中心和根据实际需要设立的急救医疗指挥分中心。广州市急救医疗指挥中心发挥着全市急救工作的指挥“中枢”和“大脑”的功能。结合以往及未来的实际需要，目前，在花都区、增城区、从化区、番禺区和南沙区均设有急救医疗指挥分中心，形成“1 +5”的架构。

（三）“120”急救网络医院

“120”急救网络医院是院前医疗急救网络的中坚力量，关乎院前急救的响应速度和急救质量。完备的“120”急救网络医院进入和退出机制是规范建立院前医疗急救网络的必要保障。

1．进入机制

（1）基础条件。符合广州市院前医疗急救网络设置规划和相关要求的医院，由卫生健康行政主管部门组织专家进行评审后方可确定为“120”急救网络医院，并向社会公布。从急救工作需要出发，成为“120”急救网络医院须满足的资质主要有：①达到二级以上综合医院标准。②设有急诊科，并能按照规定配备具有急救医疗专业知识和技能的执业医师、执业护士。③配有抢救监护型救护车，车内设备和急救药品、器械符合配置标准，并配有担架员。④具有完善的急救医疗管理制度。

（2）专项条件。急诊科乃院前急救和院内急救有序高效衔接的枢纽。《管理条例》因应广州市当今对于院前医疗急救质量要求日趋提高的需求，新增规定“120”急救网络医院应当在急诊科下设立院前急救组，建立专职院前医疗急救队伍，配备经急救医疗指挥机构培训考核合格的执业医师、执业护士、担架员、驾驶员组成的急救人员，由此提升了广州市院前医疗急救队伍的建设程度，将之纳入专门化轨道，化解了以往院前医疗急救队伍与院内医院急诊科人员身份混同、工作相互重叠的痼疾。

（3）例外情形。合理程度高、操作性强的立法兼具原则性和灵活性，张弛有度。《管理条例》一方面规定了“120”急救网络医院应当具备的四项基础条件；另一方面基于对特殊情形的考量，在急救医疗管理制度的前提下，规定卫生健康行政主管部门可根据实际需要，确定虽然未达到二级以上综合医院的标准，但具备急诊科、执业医师和护士、救护车及相关配置的医疗资源短缺地区的医疗机构可临时承担院前医疗急救任务。在实践中，医疗资源短缺地区既指向整体层面的从化区，又指向其他各区医疗资源存在短缺现象的局部区域。例如，2022 年 12 月，经广州市卫生健康委员会确定后，广州市急救医疗指挥中心发文确认，广药集团广州白云山医院作为三级综合医院被临时纳入广州市“120”急救网络医院管理。

在人员层面，《管理条例》新增在医疗资源短缺的农村地区可以配备执业助理医师参与、实施院前医疗急救工作的例外规定，以应对执业医师不足的现实困境；同时对急救人员的急救能力做出要求——设有执业助理医师须经急救医疗指挥机构培训且考核合格这一必要且必备的前置条件。

2. 退出机制

《管理条例》新增院前医疗急救网络退出机制不仅是为了与进入机制之间形成有进有退的对应关联，更是为了发挥监督和促进功能。当前，广州市共有 140 家“120”急救网络医院。退出机制的建立，不仅有利于激励现有的“120”急救网络医院不断提升院前急救医疗的工作能力和水平，还有利于广州市卫生健康行政主管部门遏制不规范的急救医疗行为，从而更有始有终且更有力、有效地管理和监督“120”急救网络医院。

（四）区域急救医疗中心

将区域急救医疗中心纳入院前医疗急救网络意义重大：①在宏观上有利于广州市卫生健康事业高质量发展。②在中观上有利于优化广州院前医疗急救网络体系建设。③在微观上有利于提升广州院前医疗急救能力和服务水平，尤其是提升对突发公共卫生事件的应对能力及处置效率。新型冠状病毒感染疫情背景下，区域急救医疗中心成立的必要性和紧迫性尤为突出。2022 年6 月，广州市中心城区区域急救医疗中心成立。该中心涵盖越秀区、海珠区、荔湾区、天河区、白云区、黄埔区这6个中心城区，由此扭转了广州市区域急救医疗中心缺失的状态。

作为专门性高、对应性强的区域急救医疗中心，区域急救中心既需要面向日常急救服务，又需要具备应对各类突发公共卫生事件和重大活动医疗救援保障的能力，故《管理条例》要求区域急救医疗中心应当符合《医疗机构管理条例》（国务院发布，2022年5月1日施行）、《医疗机构设置基本标准》（卫医发〔1994〕第30号）中急救中心的相关标准。

（五）急救医疗指挥机构直属急救站

先前广州市院前医疗急救工作主要为指挥型模式。这一模式在普通的院前急救和日常救治中具有较大的优势，既能为市民提供院前、院内同质化的医疗服务，又能为政府节约资源和降低成本，但存在缺陷：①各“120”急救网络医院的车辆和人员队伍管理分散、专业的急救医疗队伍缺乏等，致使其较大规模突发公共卫生事件的应对能力不足。②部分“120”急救网络医院基于自身利益的考量，在急救时有可能出现“选择患者”的现象，易造成因二次转运而错失急救时间，有悖于急救原则的实现。

良法因时应势。针对指挥型模式的不足，《管理条例》进一步发挥对优化广州市院前医疗急救网络建设的引领和推动作用，在新增区域急救医疗中心之余，亦根据对院前医疗急救数量需求多及质量要求高的现实情况，将急救医疗指挥机构直属急救站纳入院前医疗急救网络之中，由此形成以急救医疗指挥机构为中心，近有直属急救站、远有区域急救医疗中心和“120”急救网络医院这一点面兼具的综合型院前医疗急救网络。较于区域急救医疗中心和“120”急救网络医院，直属急救站一是具有便于急救医疗指挥机构直接管理的优势；二是具有布局优势，既可以根据城市行政区域布局，又可以布局于机场等重点位置、高速公路密集地等日常交通事故救治需求量大之处，以尽可能地缩短平均服务半径和急救时间。

从急救医疗质量出发，《管理条例》同样要求直属急救站的建立与设置等应当符合《医疗机构管理条例》（国务院发布，2022年5月1日施行）、《医疗机构设置基本标准》（卫医发〔1994〕第30号）中有关急救站的标准。《管理条例》要求达到的设置标准具有基本性，属于最低限度标准。设置标准越高，往往越有利于建设更高的急救能级。故对直属急救站的建设，在执行上可以将标杆性或示范性急救站作为定位，采用高于《医疗机构管理条例》（国务院发布，2022年5月1日施行）、《医疗机构设置基本标准》

（卫医发〔1994〕第30号）建立与设置的标准。

第二节　广州市院前医疗急救网络运行

一、指挥平台建设

云科技日新月异。现代化急救调度指挥平台通过综合运用大数据、云计算、互联网、物联网等现代信息技术手段，建立的“互联网＋急救”运行模式能大幅度提升院前医疗急救的智能化和信息化水平，进而推动院前医疗急救由传统的“边走边查”向“边走边治”转变。

广州市院前医疗急救网络的高效运行、智慧运行需要依托现代化急救调度指挥平台。《管理条例》的修订紧跟云科技的时代步伐，要求广州市卫生健康行政主管部门应当会同有关部门建立广州地区“120”指挥平台，对院前医疗急救网络实行全程动态信息化管理。该平台主要具备“120”急救车辆定位、呼救号码辅助定位、计算机辅助调派、远程数据传输、与医院信息系统及“110”“119”“122”应急系统对接等功能。

在实际中，指挥平台的运转可提高急救人员的响应速度，为急救人员提供有效的医疗技术支持；可实现数据资料的传输，存储急救过程中语音、图像等信息，在必要时可进行回放以保障急救质量；可缓解院前医疗急救转运、院前医疗急救与院内医疗急救的对接、各医院之间转诊等过程中出现的信息对接不畅通、不及时和不全面等问题。

二、运行环节

《管理条例》进一步充实了院前医疗急救资源。急救医疗指挥机构可以指挥、调度的对象增加了区域急救医疗中心和直属急救站这两大新生力量。

（一）中心城区运行环节

在越秀区、海珠区、荔湾区、天河区、白云区、黄埔区这6个中心城区，院前医疗急救网络运行环节为：广州市急救医疗指挥中心→广州市“120”呼救专线电话→广州地区“120”指挥平台→广州市“120”急救网络医院、广州市中心城区区域急救医疗中心、广州市急救医疗指挥机构直属急救站。

（二）五个区域运行环节

南沙区、番禺区、花都区、增城区、从化区这5个行政区域的院前医疗急救网络运行环节与中心城区的较为一致：各区急救医疗指挥分中心→各区“120”呼救专线电话→各区“120”急救网络医院、区域急救医疗中心、区急救医疗指挥机构直属急救站。

三、运行要求

（一）职责要求

各方主体各司其职、各尽其责，是院前医疗急救网络有序运行的前提和基础。同时，职责规定又属于立法要项，故《管理条例》重点明确了相关主体的职责。

1. 急救医疗指挥机构职责要求

（1）现行职责。急救医疗指挥机构是广州市院前医疗急救网络运行体系的枢纽，主要履行指导调度职责。整体层面的统一组织、指挥、调度工作由市急救医疗指挥中心负责。广州市急救医疗指挥中心和5个急救医疗指挥分中心均须履行的具体职责主要有：①设置“120”呼救专线电话，配备呼救受理、调派处置、组织指挥等不同层级类别的指挥调度人员。②实行二十四小时值班制度，随时接受呼救。③及时发出调度指令，并协调处理院前医疗急救任务中遇到的问题。④负责对急救呼救受理信息进行登记、汇总、统计、保存和报告，并接受查询申请。⑤组织培训和考核指挥调度人员、急救人员，开展院前医疗急救科研和宣传教育。⑥对院前医疗急救网络进行管理，保障指挥调度通信系统和院前医疗急救网络的正常运作。⑦负责监管和调配“120”急救车辆。⑧协助政府有关部门开展重大社会活动的急救医疗保障及突发事件的紧急医学救援工作。

（2）立法改进。急救医疗指挥机构现行职责的相关规定既保持修订前的大部分职责，体现立法的稳定性；又进行必要的调整，体现立法的变动性。《管理条例》第九条的改进及其依据如下：

A. 并合原第一款和第二款，并将原第一款中的“广州市急救医疗指挥中心”和原第二款中的“急救医疗指挥分中心”概括表述为“急救医疗指挥机构”，提高了急救医疗指挥分中心职责规定的清晰明了程度。

B. 通过增加两款规定，将设专线电话、配指挥调度人员→24 小时接受呼救→发调度指令等关键环节方面的职责前后贯穿起来，使职责规定更为完备、内在逻辑更为紧密。

C. 将第九条第四款中的“社会急救医疗信息”调整为“急救呼救受理信息”，是由于前者表达内容的范围大于后者，而实践中，急救医疗指挥机构获得的信息仅涉及后者。因为院前医疗急救记录的查询主要针对的是电子病历，其所属单位是医院，所以包含在“社会急救医疗信息”范围内的电子病历等信息的相关负责工作不宜由急救医疗指挥机构履行，以避免出现需要查询的信息与主体所收集的信息之间不对应的现象。将“保管”调整为“保存”，是为了突出信息须存储，并不受损失或者不发生变化等方面的要求。

D. 接受培训的效果有达标与否之分，故在第九条第五款中增加“考核”的规定，以强调培训效果的有效程度及培训制度的完善程度。指挥调度人员居于院前医疗急救工作的前端，其分类分级等调度能力的高低对院前医疗急救质量和效率具有不可忽略的影响。规范的培训和考核是其积累必要的指挥调度能力与水平的重要途径之一，因而亦属于急救医疗指挥机构的培训和考核对象。“急救人员”的外延包括执业医师、执业护士、担架员、驾驶员，相比“120”急救医疗队伍的原表述更为精准和对应。

E. 调整第九条第八款中的“组织”。这是因为急救医疗指挥机构是院前医疗急救保障和紧急医学救援工作的协助者，而非组织者；相比而言，“开展”的表述能减轻“组织”这一表述可能引起的文字歧义。将“重大节日、庆典和大型社会活动”调整为“重大社会活动”，是由于前者均在后者的语义之内。据《管理条例》修订调研反馈，紧急医学救援的范围大于紧急医疗救援，由于突发事件的救援工作需要全面全方位展开，故将“医疗”调整为“医学”。

2. “120” 急救网络医院职责要求

在广州市院前医疗急救网络运行模式中，“120”急救网络医院承担着院前医疗急救的主体工作。《管理条例》第十四条明确规定了其应当履行的职责：①实行二十四小时应诊制。②服从急救医疗指挥机构的指挥、调度，完成院前医疗急救任务，并做好院前医疗急救信息的登记、汇总、统计、保存和报告等工作。③执行急救医疗操作规范。④按照国家、广东省和广州市的有关规定，对“120”急救车辆及其急救医疗药品、器械、急救设备和医务人员等进行日常管理。⑤严格执行医疗保障行政管理部门规定的急救医疗服务价格，并公示收费项目和收费标准。⑥建立和执行急救医师、护士、担架员、驾驶员岗前和岗位培训教育制度，定期开展急救培训及演练。

3. 区域急救医疗中心、急救医疗指挥机构直属急救站职责要求

区域急救医疗中心、急救医疗指挥机构直属急救站应当履行的职责具有多层次性：①由于其具有承担日常院前急救工作的功能，故同于“120”急救网络医院，亦须履行《管理条例》第十四条规定的前述职责。②从具有承担应急工作等功能出发，《管理条例》第十五条第一款要求其还应当履行特殊医疗保障、突发事件紧急医学救援、支援等职责。③根据《管理条例》第十五条第二款规定，区域急救医疗中心须负责服务区域内“120”急救网络医院和急救医疗指挥机构直属急救站的院前急救培训、质量管理等工作。④关于《管理条例》第十五条第一款中的“等职责”，在文义理解和实施层面，急救医疗指挥机构直属急救站承担的“等外等”职责尚包括突发事件紧急医学培训、质量控制，传染病疫情防控转运、闭环管理、待命值班，医疗设备、应急个人防护物资库，救护车洗消中心（点）。

（二）人员要求

对院前医疗急救网络运行提出人员要求是为了保障院前医疗急救质量和效率。这是《管理条例》修订的重要的完备方向之一。

1. 对指挥调度人员的要求

对指挥调度人员，《管理条例》做出新增规定：要求之一是应当熟悉急救医疗知识和社会急救医疗网络的基本情况，具备专业的指挥调度能力和水平；要求之二是应当参加急救医疗指挥机构组织的培训和考核。需要说明的是，要求之二具有反向性，正向规定的是急救医疗指挥机构应当履行组织培训和考核指挥调度人员的职责。

2. 对急救人员的要求

对急救人员，《管理条例》有以下要求：①要求“120”急救网络医院按照规定配备具有急救医疗专业知识和技能的执业医师、执业护士。②着眼于专门化发展、高质量发展的目标，要求“120”急救网络医院应当在急诊科下设立院前急救组，建立专职院前医疗急救队伍，配备经急救医疗指挥机构培训且考核合格的执业医师、执业护士、担架员、驾驶员组成的急救人员。专职院前医疗急救队伍的建设要求增强了广州市地方性法规的适用性、适时性和前瞻性。③反向要求急救人员参加急救培训和演练。

3. 对医务人员的要求

对于医务人员，《管理条例》第十七条新增医疗卫生机构应当组织本单位的医务人员接受急救培训和考核的规定，从中可以解读出医务人员须接受急救培训和考核的反向要求。该条在一定程度上说明，《管理条例》的修订顺应“大急救”的时代理念。在内涵和外延上，医疗卫生机构的范围广于“120”急救网络医院，医务人员的范围广于急救人员。

第五章　广州市院前医疗急救救治规范

第一节　广州市院前医疗急救救治出车规范

一、广州市院前医疗急救救治出车标识和着装规范

（一）标识规范

《院前医疗急救管理办法》（国家卫生和计划生育委员会令第3号）第十二条规定，急救中心（站）、急救网络医院救护车及院前医疗急救人员的着装应当统一标识，统一标注急救中心（站）名称和院前医疗急救呼叫号码。在2020年发布的《关于进一步完善院前医疗急救服务的指导意见》（国卫医发〔2020〕19号）中，同样要求救护车等急救运载工具及人员着装统一标识，统一标注急救中心（站）名称和院前医疗急救呼叫号码。2021年9月，国家卫生健康委员会办公厅发布的《关于规范使用院前医疗急救标识的通知》（国卫办医函〔2021〕475号）第二点规定，《院前医疗急救管理办法》（国家卫生和计划生育委员会令第3号）明确，从事院前医疗急救工作的医疗机构，在地面、空中、水域等专门用于院前医疗急救工作的运载工具（如救护车等），从事院前医疗急救工作的人员着装，均应当统一使用本通知规定的院前医疗急救标识，并在适宜的位置标明“120”急救电话号码。

《管理条例》对使用统一标识的要求予以吸纳：①结合广州市院前医疗急救救治环节中涉及的相关主体，规定急救医疗指挥机构、“120”急救网络医院、区域急救医疗中心、急救医疗指挥机构直属急救站应当使用统一的院前医疗急救标识。②要求“120”急救车辆应当按照规定喷涂统一的急救标识。通过规定使用统一的急救标识，提高广州市院前医疗急救救治出车配置的规范化和标准化建设水平；使公众能迅速、精准地辨认和识别，防范冒

用、误用、混同或相似等现象发生；使卫生健康、交通运输等行政管理部门能及时、有效地对院前医疗急救出车的规范程度进行相应的监督和管理。

（二）着装规范

《管理条例》第十九条第一款对指挥调度人员、急救人员做出应当按照规定统一着装的要求。之所以在要求使用统一标识的同时，进一步做出统一着装的规定，一是统一着装亦具有规范和识别意义，二是有利于为广州市院前医疗急救救治树立内外兼顾的良好工作形象。郑州市、南宁市等地在立法时也对执行任务时的急救人员做了应当统一着装的规定。

（三）车辆、器械、设备规范

在“120”急救车辆、器械、设备方面，除规定“120”急救车辆须喷涂统一的急救标识外，《管理条例》第十九条第二款还要求“120”急救车辆应当安装、使用统一的警报装置；并且要求“120”急救网络医院、区域急救医疗中心、急救医疗指挥机构直属急救站应当定期对“120”急救车辆及其急救医疗器械、设备进行检查、检验、维护、更新、清洁和消毒，保障其状况良好。

《管理条例》对该款相关表述有所调整，提升了表述的规范程度。“检查”“检验”既是保障“120”急救车辆正常运行的基础工作，又是后续其他保障工作的前提。《医疗器械监督管理条例》［2000 年 1 月 4 日颁布，国务院令第 276 号；2021 年 6 月 1 日实施（修订版），国务院令第 739 号］对医疗器械亦提出“检查”“检验”的要求，故该管理条例予以增加。删除原有的“保养”表述，是由于“维护”已包含“保养”之意。“120”急救车辆及其急救医疗器械、设备若更新不及时，则对院前医疗急救质量有不良影响，及时更新亦是国家层面提出的配备标准，故该管理条例增加“更新”的表述。除“120”急救车辆外，亦须保障车辆内的急救医疗器械、设备状况良好，因此，调整后表述之中的“其”指向车辆、器械、设备这 3 个层面。

二、广州市院前医疗急救救治出车响应规范

（一）发出调度指令的响应规范

1. 时间响应规范

急救医疗指挥机构发出调度指令时间的长短关乎院前医疗急救救治响应效率的高低。鉴于院前医疗急救救治“急”的特性，《管理条例》第二十一条规定，急救医疗指挥机构应当按照就急、就近的原则，在呼救信息接听完毕后1分钟内向“120”急救网络医院、区域急救医疗中心或急救医疗指挥机构直属急救站发出调度指令。

因为存在拨打“120”呼救专线电话之外的其他应急专线的情形，为规范其他应急专线通知急救医疗指挥机构的响应时间，《管理条例》第二十条规定，“110”“119”“122”等应急系统接到报警时，得知有急危重症患者的，应当在呼救信息接听完毕后1分钟内通知急救医疗指挥机构。

2. 急救指导响应规范

《管理条例》新增了指挥调度人员可以对呼救人员给予必要的急救指导这一响应规范。指挥调度人员乃院前医疗急救的“第一关”，经过院前医疗急救的培训和考核后，一定程度上掌握了脑卒中、外伤、哮喘、异物卡喉、休克等类型的急救方法，通过指导患者自救或者患者家属等人他救，能弥补“120”急救车辆到达之前的空窗期，有效控制患者急危重症状，为临床抢救争取到“黄金救援时间”，从而极大地提高对患者的抢救成功率。

指挥调度人员在急救指导上迈出的每一小步，汇聚成提升广州市院前医疗急救救治能级的一大步。出于指挥调度人员工作重心为指挥调度的考量，故对急救指导与否采取的是“可以”这一非义务性定位。

（二）发出调度指令后的响应规范

1. 缩短时间响应规范

急救医疗指挥机构发出调度指令后，响应主体的响应时间是衡量院前医疗急救救治工作效率的重要指标。《管理条例》第二十二条第一款规定，“120”急救网络医院、区域急救医疗中心或急救医疗指挥机构直属急救站应当在接到急救医疗指挥机构的调度指令后3分钟内派出“120”急救车辆及急救人员。之所以将修订前4分钟内派出急救车辆的时间缩短为3分钟，

一是因为《关于进一步完善院前医疗急救服务的指导意见》（国卫医发〔2020〕19号）在主要目标中要求，到2025年，“120”呼救电话3分钟出车率须达到95%；二是因为根据从接到呼救信息到派出“120”急救车辆共5分钟的通用标准，在拨打的是“110”“119”“122”等应急系统的情形下，应急系统1分钟内通知，急救医疗指挥机构1分钟内发出调度指令，修订前4分钟内派出“120”急救车辆，前后相加的时间则存在超过5分钟的可能性；三是因为近年来，广州市院前医疗急救救治3分钟出车率已达到90%以上。

2. 增加人员响应规范

《管理条例》第二十二条第一款中增加了3分钟内同时须派出急救人员的内容；第十三条第一款规定，急救人员具体包括执业医师、执业护士、担架员、驾驶员。补充急救人员这一要求的主要考量有：①为了防控实践中不派执业医师或者派出人员资质不符合、构成不齐全的现象。②派出急救人员既是出于有序、有效开展院前医疗急救救治的工作需要，又是院前医疗急救救治出车响应规范之中的应有之义。③提升了该款立法的完备程度和实施层面的社会效益。

第二节　广州市院前医疗急救救治现场规范

一、广州市院前医疗急救救治到达现场前规范

（一）联系与指导规范

快速到达急救现场是对院前医疗急救救治工作的必然要求。《管理条例》第二十二条第二款中规定，在确保交通安全的前提下，急救人员应当尽快到达急救现场。针对存在到达前后的时间差的问题，该《管理条例》增加了急救人员应当在到达现场前及时与呼救人员取得联系，给予必要的急救指导这一新要求、新规范。

从接听呼救信息的指挥调度人员给予的急救指导，至到达现场前的及时联系与急救指导，由此构成到达现场之前的双重急救指导，最大限度地赢取“黄金救援时间”。不同于对指挥调度人员进行急救指导的定位，鉴于急救

人员给予的急救指导具有更高的应然性、必然性和专业性，故设定的是“应当”的义务性要求。在立法技术层面，这一义务性规定具有一定的先行性和创新性。在上海市、杭州市、西安市、武汉市等外地立法中，有急救中心接收呼救信息时给予急救指导方面的规定，但对未到达现场之前急救人员进行的急救指导未做出要求。

（二）报告与说明规范

尽管对“120”急救车辆的到达时间没有明确的统一规定，但在实践中，大多将急救反应时间确定在20分钟内。一方面，“120”急救车辆和急救人员需要在20分钟规定时间内到达现场；另一方面，受制于地理位置、交通状况等影响因素，会出现没有尽快到达的现象，从而阻碍院前医疗急救救治工作的有序进行。《管理条例》第二十二条第三款中规定，急救人员在途中遇到车辆故障、交通拥堵等情况，预计在接到调度指令后15分钟内不能到达急救现场的，应当立即向急救医疗指挥机构报告，并向呼救人员说明情况。其中，报告规范是为了便于急救医疗指挥机构掌握相关信息，及时定夺是否需要采取必要的应对措施。这说明规范期望呼救人员在了解相关情况的同时，能尽量缓解焦急紧张的情绪。

在修订改进方面，一是将原20分钟内到达急救现场缩短为15分钟，体现广州市院前医疗急救救治快速反应的高效能级，亦具有操作性，符合当前广州市绝大部分“120”急救车辆和急救人员的到场时间。二是增加规定，要求急救医疗指挥机构应当根据实际情况协助急救人员，可采取请求公安机关交通管理部门帮助，或者调派其他急救车辆前往急救现场等处理措施。这一新增规定增强了条文的问题导向程度，提升了急救医疗指挥机构职责设置的完备程度，进一步优化了院前医疗急救救治的出车流程。三是将原“急、危、重伤病员或者呼救人员”的表述精简为“呼救人员”，因为“呼救人员”的语义能包含“急、危、重伤病员”；原因、状况、情形等均可归为“情况”，故调整原“原因”的表述。

二、广州市院前医疗急救救治到达现场后规范

（一）救治规范

现场救治是院前医疗急救救治的核心环节。《管理条例》第二十三条第

一款规定，急救人员到达现场后，应当在确保施救环境安全的情况下，按照急救医疗操作规范立即对患者进行救治。在实施层面，对应的急救医疗操作规范主要体现于《院前急救诊疗常规和技术操作规范》（人民卫生出版社，2014 年 6 月出版）。

随着现代急诊医学的不断发展，院前医疗急救工作愈发受到关注和重视，但院前医疗急救人员在急救现场时的人身安全常常被忽视，甚至受到威胁。一旦发生一起急救人员自身人身安全受威胁，须进行现场急救，最终造成急救人员人身安全伤害的事件，从而产生难以量化的恶劣影响。据立法修订调研者反馈，在广州市院前医疗急救工作中，急救人员进行现场急救时的人身安全难免受火灾、漏电、毒气、塌方、酗酒和斗殴等危险因素的威胁。此时，对该类事件发生频率的考量应次于对急救质量的考量。急救人员的人身安全是开展急救工作的起始条件。施救环境不安全有可能致使施救者反而成为被施救者。立法不仅仅惩治于已然，尚能防患于未然；不仅仅规制于高发率，尚能规制于低频率；不仅仅保护待救者，尚能保护施救者。故《管理条例》创设性地规定了“确保施救环境安全”这一现场救治的必要前提，体现出广州市科学立法、民主立法与创新立法的水平。

（二）协助规范

1. 现场人员协助

《管理条例》第二十三条第二款属于新增内容，要求现场工作人员应当在职责范围内，采取措施保障施救环境安全，并为现场急救活动提供协助、便利。现场患者或者其监护人、近亲属应当协助急救人员做好相关工作。增加理由在于：①在急救现场中属于可协助范围的事项不应当均由急救人员承担，否则极有可能分散急救人员的精力或者延误急救进程。②对立法质量的注重，不仅应当配置权责，还须配置得合理和平衡。

2. 相关部门协助

《管理条例》第二十三条第三款规定，急救医疗指挥机构无法确认患者地址或急救人员无法进入现场开展急救的，应当请求公安机关或者消防救援等部门予以协助；公安机关、消防救援等部门应当及时予以协助。公安、消防等相关部门的协助，能化解不能准确到达或者顺利进入急救现场的现实难题。故根据立法修订调研反馈的信息，有针对性地补充了该款规定。

第三节　广州市院前医疗急救救治转运规范

一、广州市院前医疗急救救治转运流程规范

（一）前提规范

院前转运是院前医疗急救救治工作中的重要组成部分，是对急救现场救治效果的一种巩固。对一般的急症患者，通常可以通过现场急救予以救治。但部分有待后续治疗的急症患者和危重症患者存在需要转运至医疗机构继续救治的问题。数据反映，约 15% 的危重患者需要在被施以现场基础生命维护后，被运送至医疗机构寻求或完成更优的诊疗。《管理条例》第二十四条第一款规定，患者经急救人员现场处置后需要送至医疗机构救治的，急救人员应当遵循就近、就急、满足专业需要的原则，结合患者或者其监护人、近亲属等意愿，将患者转运至医疗机构以及时救治。

（二）通知和报告规范

1. 通知规范

负责转运的急救人员须将患者的病情及生命体征、所用仪器设备、用药情况及到达时间等信息告知医疗机构，以便于医疗机构尽早着手相关的收治准备工作。《管理条例》第二十五条第一款规定，患者经现场处置后需要转运至医疗机构救治的，急救人员应当立即通知医疗机构做好救治准备。

2. 报告规范

急救人员通知的医疗机构往往是自身所属单位。当出现需要转运至所属单位之外的其他医疗机构的情形时，由急救人员另行联系其他医疗机构有可能会存在权限、权威等影响因素。对此，在《管理条例》第二十五条第一款中，首先规定了医疗机构不具备相应的救治条件，患者及其监护人、近亲属选择送往其他医疗机构这 2 种需要报告的情形；其次在职责上，一是要求急救人员应当立即向急救医疗指挥机构报告，二是要求急救医疗指挥机构接到报告后，应当及时联系相关医疗机构做好救治准备。

（三）交接规范

院前转运交接关乎转运前后治疗的连续性，便于医疗机构快速了解患者的病情和转运前急救人员采取的急救措施。《管理条例》第二十五条第二款要求患者被送至医疗机构后，急救人员应当及时与医疗机构办理填写、保存病情交接单等交接手续；同时规定医疗机构应当立即对患者进行救治。

总体而言，广州市院前医疗急救救治转运流程具有两类规范。规范之一为：患者存在转运需要→急救人员通知医疗机构→急救人员与医疗机构办理交接手续→医疗机构救治。规范之二为：患者存在转运需要→须另行选择医疗机构的两种报告情形→急救人员报告急救医疗指挥机构→急救医疗指挥机构联系医疗机构→急救人员与医疗机构办理交接手续→医疗机构救治。

二、广州市院前医疗急救救治转运医疗机构确定规范

（一）一般规范

院前转运时，一般规范是指急救人员根据急救医疗的相关工作原则，在兼顾患者、监护人等他方建议的基础上定夺医疗机构的规则。大部分情形下，可以通过一般规范对医疗机构予以确定。《管理条例》第二十四条第一款规定，急救人员应当遵循就近、就急、满足专业需要的原则，结合患者或者其监护人、近亲属等意愿，将患者转运至医疗机构及时救治。这一新增规范既将急救医疗工作的专业需求设置为首要先行的执行原则，又考量到相关方的意愿，体现立法的主次之分及平衡之术。

（二）指定规范

此处的指定规范是指由患者或者其监护人、近亲属确定医疗机构，区别于为应对突发事件由政府统一指定医疗机构的情形。《管理条例》第二十四条第二款规定，患者或者其监护人、近亲属要求送往其指定医疗机构的，急救人员应当告知其可能存在的风险，经患者或者其监护人、近亲属签字确认自行承担风险后，将患者送往其指定的医疗机构。

这一规范最大限度地尊重了指定者意愿，传递出立法的温度和人文关怀精神；亦属于广州市首创意义上的优秀立法成果，且为深圳市、上海市、贵阳市等地方立法所借鉴。从权限上来看，有权指定医疗机构的为患者或者其

监护人、近亲属，排除了其他指定者。有权必有责。指定者同时须签字以确认自担风险，从而合理地减轻了医疗机构的后顾之忧。

（三）决定规范

1. 决定情形

不同于指定规范的确定方为患者等法定人员，决定规范从院前医疗急救救治的工作需要出发，结合实际操作程度的高低和特定情形，将急救人员定位为医疗机构的确定方。《管理条例》的第二十四条第三款规定了6种具体情形：①患者病情危急或患者有生命危险。②要求送往的医疗机构与急救现场的路程距离超过10 km。③要求送往的医疗机构不具备相应的救治条件。④患者或者其监护人、近亲属要求送往其指定的医疗机构，但是拒绝签字确认自行承担风险。⑤依法需要对患者进行隔离治疗。⑥为应对突发事件由政府统一指定医疗机构。当出现这些情形时，急救人员的权限是按照就近、就急、满足专业需要的原则决定将患者送往相应的医疗机构，应当履行的职责是告知理由和如实记录。患者或者其监护人、近亲属则须履行配合责任。

2. 立法改进

（1）修订前《管理条例》规定的特定情形主要有2种，修订时在予以保留的基础上，将第一项的语义调整为选择关系，因为病情危急中的“危”包括生命危险，即病情危急和有生命危险中的单项均可构成拒绝情形，不需要达到两者均具的递进程度。

（2）增加第三种情形的主要考量有：①立足于急救质量，应当将满足专业需要置于兼顾患者等法定人员意愿之前。②医疗机构基本标准由国务院卫生行政部门制定，医疗机构是否具备救治条件具有法定性、专业性、先定性，由此排除了现场急救人员自由裁量层面的主观恣意。③符合权利位阶冲突的解决适用规则。将患者送至具备救治条件的医疗机构，对应和依托的是患者的生命权或者身体健康权。在权利位阶层面，其高于选择建议权。在制度设计层面，从维护患者更基本、更重要权利的立场出发，优先考量了位阶更高的权利。

（3）新增的第四种情形采用正反呼应的立法路径凸显“签字确认自行承担风险”的重要程度，回应和衔接指定规范。

（4）增加第五种情形，一是为了将患者运送至专门的医疗机构，使之能获得更专业和更有效的护理和治疗；二是为了阻断传播途径，防控传染风险，保障公共卫生安全。

（5）增加第六种情形的主要理据在于：

A. 指定医疗机构是政府应当履行的应对职责。根据《中华人民共和国突发事件应对法》第七条第二款、第四十八条、第四十九条第一项的相关规定，发生突发事件时，政府采取的应急控制及处置措施包括根据应急需要指定医疗机构。

B. 将患者转送至指定医疗机构是医疗机构应当履行的职责。《突发公共卫生事件应急条例》（中华人民共和国国务院令第 376 号）第三十九条第一款规定，医疗卫生机构应当对因突发事件致病的人员提供医疗救护和现场救援；对就诊患者必须接诊治疗，并书写详细、完整的病历记录；对需要转送的患者，应当按照规定将患者及其病历记录的复印件转送至接诊的或指定的医疗机构。

C. 发生突发事件时，接受转运至指定的医疗机构乃个人应当履行的责任。《中华人民共和国突发事件应对法》第三条第一款规定，本法所称突发事件，是指突然发生，造成或者可能造成严重社会危害，需要采取应急处置措施，以应对自然灾害、事故灾难、公共卫生事件和社会安全事件。发生法定的四类突发事件时，应依据紧急状态之下的法治原理应对：①社会秩序、社会稳定、快速统一应对等价值排序优于患者等法定人员的选择建议权。②相关个人应当履行配合义务。例如，国家卫生健康委员会于 2020 年 10 月发布的《中华人民共和国传染病防治法（征求意见稿）》（国家卫生健康委员会，2020 年 10 月 2 日发布）第十一条第四款规定，中华人民共和国领域内的一切单位、团体和个人有责任和义务协助、支持和配合传染病防控工作。

第四节 广州市院前医疗急救救治应急规范

一、广州市院前医疗急救救治应急调度指令和出车规范

（一）调度指令规范

非重大的传染病一般不会引发突发公共卫生事件，但重大传染病疫情属于突发公共卫生事件范畴，需要采取应急层面的应对措施。疑似传染病具有

被确诊为传染病的可能性，存在向社会面扩散传播的风险，故有必要调动制度层面的应对之力。

《管理条例》的修订正置于新型冠状病毒感染疫情这一全球性重大突发公共卫生事件的大背景，院前医疗急救救治应急需求骤增。因而，《管理条例》第二十六条第一款中的规定从指挥调度环节开始予以规范，要求急救医疗指挥机构在呼救信息中发现患者有疑似传染病需要特殊防护的，应当指导患者做好防护，并立即发出调度指令。这一要求在范围上针对的是疑似传染病，而非所有疑似传染病，顾及了实际操作层面。在时间上强调了快速性，要求立即发出调度指令。在指导上采取的是“应当”的义务性定位，表明指导患者做好防护工作的必要性和重要性。

针对调度指令发出后急救人员到达现场后才发现的现象，《管理条例》第二十六条第一款规定，从应急效率出发，急救人员在现场救治过程中若发现患者疑似传染病需要特殊防护的，应当立即向急救指挥机构报告，并将患者送往指定医院。

（二）出车规范

调度指令发出后，其执行主要体现于出车规范。《管理条例》第二十六条第一款中规定，接到调度指令的“120”急救网络医院、区域急救医疗中心或者急救医疗指挥机构直属急救站应当及时派出符合防护要求的“120”急救车辆和急救人员。比照一般层面的出车规范，《管理条例》针对需要特殊防护的疑似传染病，设置了“120”急救车辆和急救人员应当“符合防护要求”的双重规范。

在实际工作层面，符合防护要求的“120”急救车辆的驾驶舱应当与医疗舱密封隔离，车内应当设有专门的污染物品放置区域，车载医疗设备和担架等应当专车专用。急救人员应当严格按照《医院隔离技术规范》要求，穿戴好个人防护用品。“120”急救车辆与急救人员出车前应当进行预防性消毒。

二、广州市院前医疗急救救治应急收治和处理规范

（一）收治规范

在新型冠状病毒感染疫情防控期间，国家卫生健康委员会明确提出不能

因为疫情防控，为了达到零风险，就推诿、拒收患者的要求。修订后的《管理条例》第二十六条第二款的规定回应了国家层面的要求，规定医疗机构不得以疫情防控等为由拒绝接收或者延误救治患者。

这一规定采用应急期间不得实施禁止性行为的立法角度，体现出对人民至上、生命至上原则的遵循；对保障人民群众紧急就医渠道畅通的重视；对慢性病患者诊疗不间断、急诊及特殊患者收治的保障；对以健康码异常、无核酸检测结果等疫情防控要求为由，拒收或者拖延诊治现象的抵制。

（二）处理规范

对应急期间已经发生的拒收、推诿、拖延诊治行为，由于不同主体具有不同的处理前提和处理权限，《管理条例》的新增规定进行处理层级上的区分。

1．急救医疗指挥机构协调处理

《管理条例》第二十六条第二款规定，发生拒绝接收或者延误救治患者的，急救人员应当立即向急救医疗指挥机构报告情况，急救医疗指挥机构应当及时进行协调处理；患者或者其监护人、近亲属也可以拨打“120”急救电话反映情况。可知，急救医疗指挥机构针对的是急救人员报告、患者等法定人员反映这两种前提，在权限上属于“协调处理”，因为其与医疗机构之间为依托关系。

2．卫生健康部门处理

一般而言，大部分拒收或者延误行为可以通过急救医疗指挥机构协调处理的方式予以解决，但难免存在应对不了的情形。《管理条例》第二十六条第二款进而规定，必要时，急救医疗指挥机构应当及时向卫生健康行政主管部门报告情况，卫生健康行政主管部门应当及时处理。相对而言，卫生健康行政主管部门面向的是“必要时”这一进行限缩的特定情形或者是少数情形，处理的权限来自其与医疗机构之间的管理关系。

至此，《管理条例》第二十六条第二款建构递进型的处理规范，体现对精细化立法的践行。

三、广州市院前医疗急救救治应急预案制定和实施规范

（一）制定和实施意义

应急预案的制定和实施对有效应对突发事件具有不可或缺的作用：①有利于对突发事件及时做出响应和处置。②有利于避免突发事件的扩大或者升级，最大限度地降低突发事件造成的人员伤亡、财产损失等危害后果。③有利于全社会居安思危，增强风险防范意识和能力。

（二）制定规范

《中华人民共和国突发事件应对法》（中华人民共和国主席令第 69 号，2007 年 11 月 1 日起施行）第十七条第三款规定，地方各级人民政府和县级以上地方各级人民政府有关部门根据有关法律法规、规章、上级人民政府及其有关部门的应急预案以及本地区的实际情况，制定相应的突发事件应急预案。《突发事件应急预案管理办法》（国办发〔2024〕5 号）第九条第二款规定，部门应急预案是人民政府有关部门根据总体应急预案、专项应急预案和部门职责，为应对本部门（行业、领域）突发事件，或者针对重要目标物保护、重大活动保障、应急资源保障等涉及部门工作而预先制定的方案，由各级政府有关部门制定。

以国家层面的要求为依据和基础，《管理条例》第二十六条第三款中规定，广州市卫生健康行政主管部门应当制定本行政区域内突发事件医疗应急预案。广州市突发事件医疗应急预案的制定将使广州市突发事件医疗应急工作更有据可依和有章可循。

（三）实施规范

1. 卫生健康部门实施规范

急救转运专业队伍建设，对突发事件医疗应急预案的有效实施具有重要意义。主管部门对广州市院前医疗急救救治工作的指导和规范，是突发事件医疗应急预案有效实施的必要保障。《管理条例》结合应急预案实施需要，在第二十六条第三款中规定：发生突发事件时，卫生健康行政主管部门应当根据突发事件医疗应急预案分级分类组建急救转运专门队伍，并指导、规范社会急救医疗救治工作，保障救治渠道畅通。

2. 医疗机构实施规范

医疗机构是突发事件医疗应急预案实施中的核心力量。《管理条例》第二十六条第三款中规定：全市各级各类医疗机构应当按照应急响应级别，开通急危重症患者就诊绿色通道，并接受急救医疗指挥机构的统一指挥调度，对患者进行现场救治和转运。

这一规定囊括的主体广泛，可谓应纳尽纳，将医院、妇幼保健机构、专科疾病防治机构、社区卫生服务机构等广州市所有的医疗机构一体涵盖。在实施职责上，相比接受统一指挥调度、现场救治和转运职责而言，开通就诊绿色通道的职责设置更具特色，是对广州市抗击新型冠状病毒感染疫情优秀医疗工作经验的立法提炼与提升，展示广州市地方性法规与时偕行的立法能力。

第五节　广州市院前医疗急救救治秩序规范

一、广州市院前医疗急救救治禁止冒用和假冒秩序规范

（一）禁止冒用规范

“120”名称和急救标识具有专属性、专业性和统一性，仅符合条件的、法定的专门主体方能使用。

为了防范和遏制社会上时有发生的冒用现象，《管理条例》通过第二十八条第一项规定，禁止冒用急救医疗指挥机构、“120”急救网络医院、区域急救医疗中心、急救医疗指挥机构直属急救站以及“120”的名称和急救标识的行为，由此与《管理条例》第十九条第一款中“应当使用统一的院前医疗急救标识”的规定之间形成应当使用方和禁止使用方的对照关联。

（二）禁止假冒规范

“120”急救车辆与“120”名称和急救标识相同，同样属于“120”急救网络医院、区域急救医疗中心、急救医疗指挥机构直属急救站等法定主体，专门用于运送急危重症患者，但社会上不乏假冒“120”急救车辆的非法运营行为。以假充真的车辆往往存在安全性能差，车内卫生环境恶劣，车

内医疗急救设备未经消毒、不足、缺失等各种问题，对急危重症患者的生命健康和安全造成严重威胁与危害。

《管理条例》因而新增第二十八条第二项规定，禁止假冒“120”急救车辆名义从事院前医疗急救活动，以规制这种非法行医行为，增强对广州市院前医疗急救救治秩序规范建设的完备程度。

二、广州市院前医疗急救救治禁止擅用和滥用秩序规范

（一）禁止擅用规范

“120”急救车辆具有执行院前医疗急救救治工作的专用性，仅在相关法律、法规有明确规定时，才可以被动用或者使用于院前医疗急救救治之外的其他工作。利用工作之便的擅自动用行为势必影响到“120”急救车辆的专车急用和专车专用，进而波及院前医疗急救救治秩序与效率。

对此，《管理条例》第二十八条第三项规定，禁止擅自动用“120”急救车辆执行非院前医疗急救任务，或者擅自使用“120”急救车辆对非急救患者进行转院、转送。在约束主体层面，这一禁止性规定主要针对的是配备有“120”急救车辆的“120”急救网络医院、区域急救医疗中心、急救医疗指挥机构直属急救站。

（二）禁止滥用规范

“120”警报器、标志灯具属于特殊的警示标志，是相关法律法规赋予的专有权力，其使用须符合执行紧急任务的前提。权力行使有边界。反之，在执行非紧急任务时的使用不具有正当性和必要性，属于为法律所不允许的滥用行为。《中华人民共和国道路交通安全法》第五十三条第二款中明确规定，救护车非执行紧急任务时，不得使用警报器、标志灯具。

修订后的《管理条例》增补了这一限制性规范，第二十八条第四项规定，禁止在非执行紧急任务时使用“120”警报器、标志灯具。这样的补充体现出对重要的禁止性规定予以重复乃“必要性重复”之立法技术。

三、广州市院前医疗急救救治禁止干扰电话和通行秩序规范

（一）禁止干扰专线电话规范

“120”呼救专线电话被寄予“生命热线电话”的厚望，在此专线上，生命的长度以秒计。谎报呼救信息、恶意呼救等行为，干扰急救医疗指挥机构的正常工作秩序，挤占生命急救有限又宝贵的资源。据统计，广州市每天的“120”呼救专线电话接听量达到 4 800 次，其中约有 80% 的无效电话。而这些无效电话中，少不了恶意呼救等骚扰电话。

《管理条例》第二十八条第五项因而规定，禁止谎报呼救信息，对“120”呼救专线电话进行恶意呼救和其他干扰。制度层面的禁令是为了保障“120”呼救专线电话的畅通安宁，是为了敦促公众增强社会公德意识、避免做出被明令禁止的违法行为。规制范围上，排除了善意的无效呼救行为，显示出在不单纯以结果论的基础上，立法有所禁亦有所不禁的合理向度。

（二）禁止干扰“120”急救车辆通行规范

“120”急救车辆在执行医疗急救任务时的顺畅通行关乎对急危重症患者的现场急救效率和质量。因为一般道路没有专用的急救车道，所以在道路拥堵的状态下，需要道路上的车辆驾驶人员和行人等予以避让。这种避让是在传达为生命护航的社会共识，是在树立和强调公共责任意识。

《管理条例》第二十八条第六项因而在综合修订前“主动让行”“不得干扰、阻碍对急、危、重伤病员的运送工作”的相关要求，规定禁止拒不避让或者阻碍执行医疗急救任务的救护车通行，从而使有关“120”急救车辆通行的规定更为集中和明了。

四、广州市院前医疗急救救治禁止干扰急救人员秩序规范

（一）影响因素

在院前医疗急救救治现场等环节中，引发医患争执或者纠纷的影响因素

有多种。

在患者层面，主要有部分急危重症患者及其监护人、近亲属等存在紧张忧虑等情绪，对现场急救缺乏科学认知，对现场急救医疗服务要求过高，自身法治观念淡薄等影响因素。在急救人员层面，存在部分急救人员的综合素质有待进一步提高、服务意识不强、产生执业倦怠等影响因素。

（二）安全规范

急救人员是院前医疗急救救治工作有序运行的中坚力量。无论是否发生医患矛盾，无论急救人员是否是医患矛盾的诱发方，患者方等相关人员均应当尊重急救人员，不得对其有侵犯人格尊严、侵害人身安全等扰乱院前医疗急救救治秩序的违法行为。

《管理条例》第二十八条第七项规定，禁止侮辱、威胁、恐吓、谩骂、伤害、阻挠急救人员，妨碍院前医疗急救工作正常开展。这项新增禁令回应和落实了《中华人民共和国医师法》（中华人民共和国主席令第九十四号）中“医师的人格尊严、人身安全不受侵犯”的规定。在立法技术上，弥补了2022年修订前的《管理条例》第四十四条第一款设置了法律责任，但缺乏对应的禁止性规定之不足。

第六章　广州市社会公众急救力量

第一节　广州市社会公众急救主体

一、广州市社会公众急救个人主体

（一）提供必要帮助的个人

“大急诊、大急救、大平台”理念是对“人民至上、生命至上”最直接的医学践行。“大急救”理念的倡导、树立和落实，不仅需要急救指挥调度人员、急救人员等专业层面的主体，还需要举全社会之力，更需要人人关心急救、学习急救、参与急救、自助助人、自救救他。人人参与急救的社会，是一个安全感极高的温暖社会。

《管理条例》遵循“大急救”理念，于第三十一条第一款规定，鼓励为有医疗急救需要的人拨打“120”呼救专线电话，并提供必要帮助。此处包含的个人主体属于帮助者，主要指不具备急救能力的个人，其在力所能及的范围内为患者提供的帮助有利于衔接后续的院前医疗急救救治工作。鉴于拨打专线电话和提供帮助非个人主体的义务，故该款设定的是“鼓励”这一倡导性定位。

（二）实施紧急现场救护的个人

在广义层面，院前医疗急救服务方可以包括基层社区医疗卫生服务中心、卫生所、医务室、保健站等，同时，亦可以包括红十字救护员和现场的其他“第一救助者”。提倡具备急救能力的个人实施现场救护是提高院前医疗急救救治效果的有力举措。

《管理条例》第三十一条第二款中新增规定，鼓励具备急救能力的个人在医疗急救人员到达前，对患者实施紧急现场救护，其紧急现场救护行为受法律保护。相比提供帮助的个人主体，具备急救能力的个人属于救助者，其实施的紧急现场救护，更能争取抢救黄金时间，更有利于提高急救质量。

明确紧急现场施救行为受《中华人民共和国民法典》（中华人民共和国全国人民代表大会制定，2021 年 1 月 1 日施行）等法律保护，是为了消除现场施救者害怕担责的后顾之忧，弘扬社会正气，培育社会主义核心价值观。在立法功能层面，该款规定表达对行善者善举的充分肯定和支持、对行善者合法权益的维护与保护。在立法具体原则层面，该款规定契合和运用的是《好撒玛利亚人法》（*Good Samaritan Laws*）中的免责原则，即在紧急状态下，施救者因其无偿的救助行为，给被救助者造成某种损害时免除责任的法则。

（三）捐助和捐赠的个人

个人主体进行的物资、财产等捐助和捐赠，是对广州市社会公众急救工作在物质基础层面的积极参与和有力支持。因而，在修订后的《管理条例》第三十五条第二款中，一是做出鼓励个人对社会急救医疗事业进行捐助和捐赠的倡导，二是规定捐赠物资上可以依法标注捐赠者的名称。标注捐赠者名称的规定是为了强调对捐赠者从事公益事业的正面肯定与激励。

（四）急救医疗志愿者

急救医疗志愿者是广州市社会公众急救体系中极其重要的个人主体。因为接受过院前医疗急救知识和技能的培训，积累了参与现场急救的数次甚至多次操作经验，获得一定的应急救护能力，因此，在参与现场救护方面，急救医疗志愿者具有不可忽视的优势。

《管理条例》反映对急救医疗志愿者的重视：①由第三十一条第二款中的新增规定可知，患者现场周边具备资质的医疗急救志愿者，可以经医疗急救志愿者呼叫平台呼叫后，在急救人员到达前自愿参与现场救护。②增加了第三十五条第一款中的规定，支持和鼓励急救医疗志愿者等社会力量参与社会公众急救活动。

志愿者历来是广州市社会公众急救工作中的生力军，尤其是在新型冠状病毒肺炎期间。例如，在 2022 年底的新型冠状病毒感染疫情中，广州市手拉手志愿服务促进会组织发动了 26 名经过培训的急救医疗志愿者报名参加抗疫志愿者活动。可见，《管理条例》的增补规定，回应了广州市社会公众急救体系长效发展的实际需求，显示其适时提炼广州市社会公众急救工作特色的立法技能。同样的规范在不同地域的制定意义和实施程度存在差异。广州急救医疗志愿者服务场域的精准对应性，有效提升了广州市地方性法规对地域特色的反映程度。

二、广州市社会公众急救单位主体

（一）一般单位

一般单位泛指参与到广州市社会公众急救体系中的所有单位。当今社会是共建共享的社会。社会力量在发展广州市社会急救医疗事业中的必要性和重要性越来越高。社会力量参与得越广越深，广州市社会公众急救主体发展程度亦越广越深。单位作为重要的社会力量，近年来的参与度明显增长。例如，新型冠状病毒感染疫情期间，由广汽集团、小马智行、如祺出行等单位联合组成的无人驾驶车队加入抗击疫情一线，为荔湾区 18 万居民物资配送“关键 5 km”。

《管理条例》一是保留原有规定，要求卫生健康行政主管部门应当定期组织开展培训，企事业单位则负有接受急救知识和技能宣传教育培训的对应责任；二是在第三十五条第二款的新增规定中，鼓励单位对社会急救医疗事业进行捐助和捐赠。这一倡导性规定具有回应现实需求的意义。早在 2002 年，广州市即设立“社会急救医疗救助专项资金”。但长期以来，来自单位等社会层面的捐赠数量较为有限。鼓励性规定旨在激发单位践行回馈社会、融入社会之善举，加大全面支持广州市社会急救医疗事业的力度。

（二）特定单位

特定单位主要指经营性质或者经营规模较为明确的单位。社会急救医疗事业的良性发展，需要关联程度高的特定单位密切参与。

1. 宣教关联单位

以不同的宣传对象为前提，《管理条例》设置了三类宣传教育关联单位：①从公众出发，将报刊、电视、广播、网络等媒体确定为主宣传单位。②着眼于教职工和学生这类重点人员，确定由学校承担具体的宣传教育责任。③针对村（居）民，将物业服务企业规定为宣传教育协助单位，协调辅助主体的设定，有益于提高宣传教育工作在村（居）社区的落实程度。

2. 培训关联单位

特定人员在工作中遇到他人发生意外伤害事件的概率较高，亦是急救事件中的第一目击人。《管理条例》第三十二条第四款因而规定以人员为基点，将人民警察、消防救援人员、政务服务人员、学校教职工、安保人员、旅游业及公共交通业从业人员所在单位确定为培训关联单位，为特定人员参加急救培训提供组织层面的主体支撑。

3. 配置关联单位

首先，配置关联单位是指急救器械和药品的配置单位。在《管理条例》第三十三条第一款中，一是以场所为根据，将火车站、长途汽车站、客运码头、城市轨道交通站点、机场、高速公路服务区、体育场馆、风景旅游区等场所的管理单位纳入配置范围；二是基于经营性质，将经营高危险性体育项目的企业确定为配置单位；三是以风险隐患高为考量，将建筑施工单位设立为配置单位；四是结合经营规模，对大型工业企业提出配置要求。

其次，配置关联单位是指自动体外除颤器的配置单位。《管理条例》顺应高质量发展广州市社会急救医疗事业的时代要求，第三十四条第一款从义务性规则的角度提出政务服务大厅、机场、火车站、客运码头、城市轨道交通站点、高速公路服务区、风景旅游区、学校、体育场馆、养老服务机构、大型商场等公共场所和单位的配置责任。同时，将其他公共场所和公安派出所、消防救援站等单位设立为倡导层面的配置单位。

一般而言，立法列举往往较为简约，前述两款的详尽列举既是为了便于理解和执行，更是在对配置单位的应然范畴做出最低限度的强调。在规则内容方面，相对于个人主体、一般单位主体和大部分社会组织主体，立法者对上述特定单位均设定的是义务层面的要求，显示对参与强度和深度区分轻重的立法技艺。

（三）社会组织

社会组织是广州市社会公众急救体系中不可或缺的重要组成部分。《管理条例》着重增补了社会组织这一参与主体。

（1）规定红十字会为急救技能培训主体，在立法制度上反映这类社会救助团体在广州应急救护公益培训方面坚持不懈的积极作为。在规则内容上，做出“应当”的要求，是因为该类团体由政府主办，非完全意义上的民间团体。

（2）鼓励医学行业协会、医学科研机构等具备培训能力的组织成为急

救培训主体，提供急救培训服务，调动专业组织，充分发挥专业力量。

（3）支持和鼓励急救医疗志愿服务组织成为社会公众急救工作的参与主体，在立法制度层面适时表达出主体特色。长期以来，广州市手拉手志愿服务促进会、广州蓝天救援协会、广州市红十字会城市救援志愿服务队、广州青年志愿者协会医疗服务总队、广州山地救援志愿服务队等志愿服务组织提供了大量的急救医疗志愿服务。

第二节　广州市社会公众急救能力建设

一、广州市社会公众急救个人急救能力建设

（一）个人急救能力建设意义

1. 有益自身

个人急救能力建设对自身而言必要而又重要。在建设全民急救新体系的背景下，院前医疗急救现场工作的开展不能仅仅依靠急救人员，院前急救，人人有责。每个人都是自己健康的第一责任人。建设自身急救能力即为对自己健康负责之举是在发生意外伤害等事件时，能先行自救的关键之举；是增强自身生命健康保险系数的得力之举。

2. 有益他人

个人急救能力建设具有利他意义。进行过急救能力建设、具备急救能力的个人，为家人及家人之外的其他人提供紧急现场救助，是大大减少他人伤亡直接且有效的方法，从而能使处于病痛危急关头的他人多获取一重宝贵的紧急现场救助力量。

3. 有益社会

个人急救能力建设有利于社会发展与进步。共建共治共享社会，人人学急救，急救为人人。个人急救能力建设是为社会节约急救医疗资源的可行路径，是提升广州市社会公众急救能级的有效策略，是形成社会化、现场化、普及化大急救体系的长远举措。

（二）个人急救能力建设途径

1. 建立个人急救培训体系

个人急救能力建设是一个系统工程，须体系化推进。《管理条例》新增急救培训专条——第三十二条。该条第一款首先明确规定本市应当建立公众急救培训体系，采用统辖性立法表达方式为个人急救能力建设树立起途径起点。

2. 实施个人急救培训体系

培训计划的制订是实施公众急救培训体系的必要保障，故《管理条例》第三十二条第一款进而要求广州市卫生健康行政主管部门应当制订培训计划。公众接受急救培训的时间有限，培训内容的分散、随机、无序，可能影响培训效果。因此，《管理条例》同时要求卫生健康行政主管部门统一培训内容和考核标准。统一后的培训内容和考核标准在效力上具有刚性。该款进一步规定单位和个人开展社会急救医疗培训活动应当执行统一的培训内容与考核标准。公众急救培训体系实施层面的规定，既增强了条文的可操作性，又有利于条文的遵守和执行。

3. 开展个人急救培训

（1）行业主管部门等主体开展。《管理条例》第三十二条第二款规定，卫生健康行政主管部门、急救医疗指挥机构、红十字会应当依照本市社会急救医疗知识与技能普及培训年度计划，对社会公众开展心肺复苏、自动体外除颤器使用、气道异物梗阻解除手法等内容的急救技能培训。

卫生健康行政主管部门是急救培训的主导者，急救医疗指挥机构是急救培训的实施者，红十字会是应急救护培训的主力军，故共同构成该款中急救技能培训的开展主体。为了保障急救技能培训的统一性和规范性，要求上述主体开展培训时，应当依照本市社会急救医疗知识与技能普及培训年度计划。对社会公众全面开展社会急救医疗知识与技能普及培训，于培训方和接受培训的公众而言，均有不小的难度，故着眼于可行性和现实性等角度，对培训内容要项予以列举：①心肺复苏是国际上公认的抢救心搏骤停急症的主要手段，亦是红十字会应急救护培训的基本内容之一。②自动体外除颤器是与心肺复苏紧密关联使用的“救命神器”，目前广州市已开展配置工作，故将这两项予以明确。③根据《管理条例》修订征求公众意见的反馈，异物堵塞呼吸道事件的发生频率不低，故采纳该建议，将海姆立克急救法亦作为列举项，以使急救技能培训内容更富有针对性和实用性。

(2) 关联单位开展。《管理条例》第五条第三款规定，学校应当采取多种形式，对教职工和学生进行急救知识与技能的宣传教育培训；第四款规定，居民委员会、村民委员会和物业服务企业应当协助开展急救知识宣传教育培训，提高居民的急救意识。

学校包括大学、中学、中等职业学校、小学等，人数众多，事故发生率高，急救能力建设必要性程度高。学校层面开展的急救知识和技能培训，具备培训师资较稳定、培训时间较充裕、培训条件较有保障等优势，故能有效提升教职工和学生的急救能力。村（居）社区同样是开展急救知识培训的主阵地。由村（居）民委员会和物业服务企业协助开展的急救知识培训，有助于渐进地培养居民的急救意识、持续建设居民的急救能力。

接受急救知识和技能培训是建设个人急救能力的主要路径。此外，媒体、学校等关联单位进行急救知识和技能宣传教育，个人积极学习急救知识和技能亦是个人急救能力建设的有益途径。《管理条例》第五条第二款规定，报刊、电视、广播、网络等媒体应当刊播社会急救医疗公益广告，向公众宣传救死扶伤的精神，普及急救医疗知识和技能；第三十五条第三款规定，鼓励个人学习医疗急救知识与技能，提高自救、互救能力。

二、广州市社会公众急救单位急救能力建设

（一）单位急救能力建设意义

1. 有益发展

急救能力的建设和发展，有益于单位的建设和发展。公安、消防、政务服务等单位进行急救能力建设，有利于更好地履职。旅游、公共交通、体育场馆、大型商场等经营单位或者管理单位开展急救能力建设，有助于提高服务水平。经营高危险性体育项目的企业、建筑施工单位、大型工业企业进行急救能力建设，有利于提高对员工生命健康的保障程度。

2. 有益社会

社会急救能力建设是体现和提升城市文明形象的有效举措，需要集聚各方力量。单位急救能力建设是社会急救能力建设的重要组成部分，是当今社会治理新格局下践行大急救理念的内在要求。单位急救能力的点滴建设，有益于循序渐进地建设社会急救大平台，有益于共同构筑强大的社会急救网络体系。

（二）单位急救能力建设途径

1. 组织急救培训

警察、教师、导游等人员在工作中接触意外事件的概率较高，往往是急救事件中的第一目击者，掌握急救医疗知识与技能，有助于提高急救成功率。《管理条例》第三十二条第四款要求，人民警察、消防救援人员、政务服务人员、学校教职工、安保人员、旅游业及公共交通业从业人员所在单位应当组织上述人员参加急救培训，以切实保障相关人员能获得必要且更具针对性的急救培训。

在原有三类主体的基础上，第四款根据现实需要，增加了政务服务人员、学校教职工、安保人员、公共交通从业人员四类主体。义务主体范围设定过于宽泛，有立法泛化之嫌。该款未将“等”字作为常规表述法，从而使义务主体指向更为明确，显示立法谦抑风范。

在表述规范方面，将“派出所警察、交通警察”的原表述调整为“人民警察”；原第十五条第二款中的“公安消防队队员”已归属为应急管理部门，故将之调整为“消防救援人员”；结合我国《中华人民共和国旅游法》（全国人民代表大会常务委员会发布，2013 年 4 月 25 日颁布）第七十九条第二款中的表述，将原第十五条第三款中的“旅客运输、旅行社、旅馆等行业的工作人员”调整为“旅游业从业人员”。

2. 配备器械、药品、人员

火车站、机场、体育场馆、风景旅游区等场所的人流量大，经营高危险性体育项目的企业、建筑施工单位的事故隐患或风险较高，大型工业企业员工数量多，因而属于急救能力建设重点单位。针对这些重点单位，《管理条例》在第三十三条第一款中提出，应当配置必要的急救器械和药品，在生产经营时间安排经过急救培训的工作人员或者志愿服务人员在岗的要求。

随着广州市经济和社会发展水平的提高，随着社会力量承担社会责任格局及能力的提升，对特定单位履行社会急救医疗义务要求的程度亦可相应提高。因此，《管理条例》修订时将特定单位建立救护组织的原义务调整为在生产经营时间内安排人员在岗的义务，从而为提高急救工作有效开展程度和条文可操作性提供必要的制度支撑。

3. 配置自动体外除颤器

《中国心血管健康与疾病报告（2019）》中的一项研究显示，我国心脏性猝死总人数居全球之首，但其院外救治成功率低于 2%。研究结果表明，普及公众场所自动体外除颤器的使用，可以有效提高院外心脏性猝死的抢救成功率。数据显示，自动体外除颤器在一些国家和地区中的普及程度很高，达到每 10 万人 200 ～ 300 台的水平。

为提高广州市院外心脏性猝死的救治率，落实“始终把人民群众生命安全和身体健康放在第一位”，落实“立法为民”，落实社会力量对广州市社会急救医疗事业的实质参与程度与推进深度，《管理条例》新增配置规定：第三十四条第一款要求政务服务大厅、机场、火车站、客运码头、城市轨道交通站点、高速公路服务区、风景旅游区、学校、体育场馆、养老服务机构、大型商场等公共场所和单位应当配置自动体外除颤器，并定期检查、维护保养和做好记录；第二款鼓励其他公共场所和公安派出所、消防救援站等单位配置自动体外除颤器。义务性和倡导性相结合的立法路径，有利于保障最低限度的配置及尽可能地扩充配置数量。

第七章　广州市社会急救医疗保障机制

第一节　广州市社会急救医疗经费保障机制

一、广州市社会急救医疗专项经费设立之意义

（一）有利于社会急救医疗事业的长远发展

当前，广州市对于社会急救医疗在急救数量和急救质量方面的需求日趋增长，致使急救医疗工作的复杂度越来越高，涉及面越来越广，与此相应，投入经费亦会随之递增并需要予以保障。《管理条例》第三十六条第一款在制度层面要求设立院前医疗急救专项经费，有利于夯实社会急救医疗事业经费保障机制。社会急救医疗事业经费保障机制越健全，广州市社会急救医疗事业就发展得越高质、越深远。

（二）有利于落实国家相关规定和政策

我国《基本医疗卫生与健康促进法》（十三届全国人民代表大会常务委员会第十五次会议通过，2020 年 6 月 1 日实施）第八十条中规定，各级人民政府应当将医疗卫生与健康促进经费纳入本级政府预算，按照规定主要用于保障基本医疗服务、公共卫生服务、基本医疗保障及政府举办的医疗卫生机构建设和运行发展。《院前医疗急救管理办法》（国家卫生和计划生育委员会令第 3 号）第三条第二款规定，卫生计生行政部门应当建立稳定的经费保障机制，保证院前医疗急救与当地社会、经济发展和医疗服务需求相适应。《关于印发进一步完善院前医疗急救服务的指导意见的通知》（国卫医发〔2020〕19 号）“（二）基本原则”中提出，进一步加大政府对院前医疗急救事业的投入。专项经费方面的专门条款是对国家相关规定和政策要求的积极回应。

二、广州市社会急救医疗专项经费用途

（一）车辆和设备经费

急救车辆、急救医疗设备等是有效开展社会急救医疗工作的必要物资保障，其保障程度关乎急救反应时间的长短和急救救治能力的高低。《管理条例》（2023 年 5 月 1 日施行）第三十六条第二款第一项对购置、更新和维护“120”急救车辆、急救医疗设备和器械、通信设备等方面的经费予以专项规定，将之列为首要的专款专用用途。

在立法技术上，这项规定衔接了第十九条第二款中有关维护、更新急救车辆、急救医疗器械和设备方面的规定，体现出内部条文之间的协调性。

（二）补贴经费

院前医疗急救属于基础性公共卫生服务范畴，事关民生福祉、经济发展和社会稳定。财政补贴是保障院前医疗急救服务正常运转的坚实基础，是专项经费中另外一个重要的专用用途。《管理条例》第三十六条第二款第二项因而将院前急救费和救护车费等方面的补贴支出纳入专用用途范畴，具体使用于“120”急救网络医院院前急救组、区域急救医疗中心、急救医疗指挥机构直属急救站和临时承担院前医疗急救任务的医疗机构从事“120”急救医疗的支出。

（三）宣传、培训、演练经费

大急救理念的树立和践行以多方主体、多种力量掌握急救知识与技能为前提。长期以来，广州市开展了大量的急救知识宣传和急救医疗培训。例如，广州市红十字会开展的红十字会应急救护师资培训、救护员培训、急救知识讲座和公益应急救护科普等活动长达十几年。2022 年，广州市急救医疗指挥中心组织并带领院前急救专家团队至广州中医药大学第三附属医院开展对新进医务人员的院前急救培训；在蓝态公益等社会各界的努力下，对广州市 176 个镇街，进行每个镇街 3 场以上的人工心肺复苏与自动体外除颤器使用的公益培训。

宣传、培训、演练经费的投入与全社会急救知识和技能的普及与提升息息相关，因而《管理条例》第三十六条第二款第三项将急救知识宣传和急

救医疗培训、演练等列举为专项经费的专用用途之一。这项规定关联的内部条文较多，有助于支持和保障第五条、第九条、第十四条、第十五条、第三十二条、第四十条、第四十五条等相关条款的执行，进而能带动立法实施效果的提高。

（四）排除非专项用途

"主要"一词意指事物关系最大的、起决定作用的，可被解读为社会急救医疗专项经费最关键的用途是用于已明确列举的事项，但不能排除用于其他次要方面的情形，即存在该专项经费用于非专项用途的可能性。故《管理条例》（2023 年 5 月 1 日施行）修订时，将原导语中的"主要"调整为"应当专门"，以着重强调专款专用。

三、广州市社会急救医疗补贴标准

（一）由成本费用评估至补贴标准

科学立法是坚持问题导向的立法。据立法后评估调研反馈，以往财政对"120"急救网络医院从事"120"急救医疗仅补贴部分支出，医院须自行承担未补贴的开支，造成部分医院对急诊科投入不足、不够重视急诊科医护人员的培养、急诊科医护人员晋升和待遇受影响等连锁后果。

因而《管理条例》第三十六条第三款一是规定广州市卫生健康行政主管部门应当制定本市"120"急救医疗补贴标准；二是要求卫生健康行政主管部门应当按照标准向"120"急救网络医院、区域急救医疗中心、急救医疗指挥机构直属急救站和临时承担院前医疗急救任务的医疗机构据实支付"120"急救医疗补贴。

（二）立法改进

相比修订前的急救医疗成本费用评估制度，急救医疗补贴标准的确定程度和准确程度更高，因而能更好地应对根据"120"急救医疗成本费用评估制度得出的评估结果与应补贴额度之间存在的不对应问题。应当按照急救医疗补贴标准据实支付的新增规定进一步直面补贴不全的困境，缓解了制约"120"急救网络医院等法定主体顺畅开展院前医疗急救工作的瓶颈问题。

修订时围绕补贴不全问题，进行了以急救医疗补贴标准为支点进行调整。通过增强经费保障程度，提升了权责设置的平衡程度；通过增进权责设置合理程度，提升了广州市社会急救医疗事业的良性发展程度。

第二节　广州市社会急救医疗能级保障机制

一、广州市社会急救医疗资源保障

（一）区域急救医疗中心布点保障

保障社会急救医疗资源是提升广州市社会急救医疗能级的重要前提。在社会急救医疗保障中，鉴于“120”急救网络医院达140个的现有规模，相对而言，区域急救医疗中心布点的完善更为紧迫。当前广州市已成立的区域急救医疗中心面向的是越秀区、海珠区、荔湾区、天河区、白云区、黄埔区这6个中心城区，未来尚需要逐步成立非中心城区的区域急救医疗中心。《管理条例》的第三十七条第一款提出市、区人民政府应当加大对辖区内急救医疗的财政投入，完善区域急救医疗中心布点建设的要求，为区域急救医疗中心的建立提供立法制度保障。

在实效性层面，区域急救医疗中心建设财政投入保障的要求为《管理条例》第七条第一款中对应规定的落实提供关键支撑；亦体现其与该款相衔接的一面。

（二）直属急救站布点保障

直属急救站是提升广州市社会急救医疗能级的另一重要举措。作为建设综合型急救体系的新布局，直属急救站同样需要财政投入方面的保障，故亦被纳入《管理条例》第三十七条第一款中有关布点完善的范畴。财政投入保障水平的高低关乎直属急救站布点数量的多少，直属急救站布点数量的多少关乎急救地理位置的远近，急救地理位置的远近关乎社会急救医疗服务质量的高低，由此反映出将直属急救站纳入布点完善范畴的必要性与重要性。

（三）急救车辆配备保障

《医疗机构基本标准》要求的标准是每5万人口配置1辆急救车。但对于该基本标准的执行，省、自治区、直辖市卫生行政部门可以根据实际情况调整指标。根据《关于印发广东省进一步推进院前医疗急救服务实施方案（2021—2025 年）的通知》（粤卫医函〔2021〕44 号）的规定，以地级以上市为单位，按照每 3 万人口 1 辆救护车的配置标准，以县域为单位，根据县城人口的 300% 估算人口基数，按照每 3 万人口 1 辆救护车的配置标准配备急救车辆，负压救护车占比不低于 40%。截至 2021 年，广州市人口约为 1 867 万人。按照每 3 万人口 1 辆救护车的配置标准，广州市共需要配置院前急救救护车 1112 辆，其中负压救护车需要配置 445 辆。在配置需求上，2021—2025 年需要增配的救护车数量为 702 辆，需要增配的负压救护车数量为 301 辆。

从满足广州院前急救医疗需要出发，《管理条例》第三十七条第一款新增按照国家有关规定和本市实际需要配备"120"急救车辆的规定，从而有效提升了制度设计的合理性和现实针对性。

（四）急救车辆清洗消毒场所保障

在实践中，由于缺乏专门场所，极可能导致"120"急救车辆清洗消毒工作或流于形式，或不够规范，或不够彻底，尤其在转运过传染病患者后，倘若未在专门场所进行更高要求的清洗消毒，更容易产生急救车辆及其中的设备等成为传染载体的隐患。因而，《管理条例》第三十七条第一款中新增建立"120"急救车辆清洗消毒场所的要求，旨在提升"120"急救车辆终末消毒质量，减少医院感染发生率。

（五）基层医疗卫生机构急救医疗条件保障

基层医疗卫生机构医疗资源的短缺，势必制约社会急救医疗工作的有序开展。《管理条例》第三十七条第二款新增要求，规定医疗资源短缺地区的卫生健康行政主管部门应当根据院前医疗急救网络设置规划，逐步改善基层医疗卫生机构急救医疗条件。

该款规定对急救医疗条件的改善具有区域和目标层面的指引意义。在适用区域层面，需要改善基层医疗卫生机构急救医疗条件的医疗资源短缺地区，既包括中心城区之外的其他城区，又包括中心城区之内医疗资源短缺的部分区域。结合当前资源短缺的现状，中心城区之外的区域尤为需要明确改善目标，未来从化区、增城区、番禺区、南沙区、花都区这 5 个区各乡镇卫生院和社区卫生服务中心应当至少配备 1 台负压救护车，配齐所需人员。

（六）医疗保障与应急物资储备库保障

我国《基本医疗卫生与健康促进法》（十三届全国人民代表大会常务委员会第十五次会议通过，2020 年 6 月 1 日实施）第六十三条规定，国家建立中央与地方两级医药储备，用于保障重大灾情、疫情及其他突发事件等应急需要。《突发公共卫生事件应急条例》（国务院令第 376 号）第十六条规定，国务院有关部门和县级以上地方人民政府及其有关部门，应当根据突发事件应急预案的要求，保证应急设施、设备、救治药品和医疗器械等物资储备。

《管理条例》第三十九条第二款中有关本市建设医疗保障与应急物资储备库的新增内容是对《基本医疗卫生与健康促进法》（十三届全国人民代表大会常务委员会第十五次会议通过，2020 年 6 月 1 日实施）、《突发公共卫生事件应急条例》（国务院令第 376 号）等上位法规定的回应和落实，是加强广州市社会急救医疗体系建设的必要举措，是加强对应急物资、医疗保障物资规范化、标准化管理的有力支撑。

二、广州市社会急救医疗急救效率保障

（一）联合救援效率保障

急救效率是社会急救医疗能级的重要体现，联合救援是提升急救效率，凸显“1 +1 >2”效应的创新模式。优质的立法是不断前行的立法。《管理条例》第三十七条第三款规定，在现有社会急救医疗网络的基础上，本市探索建立院前医疗急救与消防救援统筹建设模式，建立健全联合救援机制，提高院前医疗急救效率。这一新增规定顺应了统筹建设广州市社会急救医疗模式的时代趋势，顺应了提升应对突发事件综合处置能力、提升急救效能的现实需求。

鉴于这一模式的实际运行面临是否需要设置联合站点、如何进行同时调度、如何进行人员的联合训练等系列操作性问题，因而，对于统筹建设模式采取的是探索建立的定位，呈现出建设发展和实操实施并重的平衡与审慎之术。

（二）急救医疗联动效率保障

“海陆空”联动是一种全方位的立体急救医疗服务模式，是提高急救医

疗效率的另一重要机制。《管理条例》第三十九条第一款规定，本市建立健全陆地、空中与水上急救医疗联动机制，发展多元化急救医疗服务体系。这一新增规定具有多重意义，有利于提升处理复杂、突发、困难事件时的救援能力；有利于提升急救效率和保障急救效果；有利于体现广州市作为国际大都市在社会急救医疗建设方面的领先能级；有利于粤港澳大湾区社会急救医疗合作机制的建立与实施；有利于提高广州市地方性法规立法的前瞻性。

三、广州市社会急救医疗费用保障

（一）医疗保险保障

在院前急救医疗过程中往往会产生医疗费用。这些费用中有部分在基本医疗保险规定的支付范围内。《关于进一步完善院前医疗急救服务的指导意见》（国卫医发〔2020〕19 号）“（十六）完善价格体系”中提出，将符合条件的院前医疗服务收费项目纳入医保支付范围。《管理条例》修订时，结合指导意见的精神，借鉴北京市的立法经验，对医疗费用纳入医疗保险报销范围予以制度保障。第四十一条规定，本市将院前医疗急救服务产生的符合规定的医疗费用纳入城镇职工医疗保险、城乡居民医疗保险的报销范围。

基本医疗报销范围的确定需要符合《国家基本医疗保险、工伤保险和生育保险药品目录》［中国国家医疗保障局、人力资源社会保障部发布，2020 年 12 月 28 日（2020 版）］、《诊疗目录》、《医疗服务设施项目》，实践中各地的做法存在些许差异。例如，对于救护车辆出车费，在《关于本市院前急救医疗费医疗保险支付的有关问题通知（沪医保规〔2021〕16 号）》中，明确纳入医疗保险支付范围的院前急救医疗费不包括急救车费；在哈尔滨《关于将院前急救纳入城镇职工基本医疗保险个人账户使用范围的通知》中，报销范围包括救护车出车费、担架费。在条文实施层面，广州市有必要确定救护车出车费是否纳入基本医疗保险范围的问题。

医疗费用纳入流程需要进一步的细化规定。《管理条例》第四十一条进而要求，具体办法由市医疗保障行政管理部门会同市卫生健康行政主管部门等制定，从配套制度层面体现出对条文内部协调性的考量。

（二）特殊患者医疗费用保障

特殊患者主要是指流浪乞讨患者、受意外伤害需要急救但不能支付急救医疗费用的患者。这些患者存在急救需要，同时需要考量“120”网络医院的运营压力。

对流浪乞讨患者，《管理条例》第四十四条第一款规定，对接收的流浪乞讨的患者，“120”急救网络医院等医疗机构应当立即救治，并及时通知属地救助管理机构。救助管理机构应当及时到医院甄别是否属于救助对象；属于救助对象的，为其办理救助登记手续，按照流浪乞讨人员救助管理的有关规定偿付救治费用。修订后增加的“为其办理救助登记手续”的规定，有利于明确办理救助登记手续的主体，有利于完善相关程序规定之间的衔接。

对受意外伤害需急救但不能支付急救医疗费用的患者，《管理条例》第四十四条第二款规定，对因意外伤害需紧急抢救、无经济支付能力又无其他渠道解决急救期间的基本医疗费用的患者，“120”急救网络医院等医疗机构应当按照本市红十字社会急救医疗救助专项资金管理的有关规定，协助其申请专项资金支付急救期间的基本医疗费用。

四、广州市社会急救医疗培训和演练保障

（一）培训保障

1. 急救与灾难医学技能培训基地

自2005年，广州市急救医疗指挥中心开展了急救网络医院院前急救教学与训练方面的培训，取得一定的培训效果。但培训工作的有效开展面临不少制约：①缺乏固定的培训场地，需要找到场地后才临时通知开班，导致培训工作受到极大影响。②购置与院前急救教学配套的设备和器材后没有固定的存放处，仅有的设备物资反复搬运，花费较大的人力和物力，高端的设备和模型容易损坏，影响教学效果。③难以开展教学训练循环计划，进而影响规范化、标准化培训发展目标的实现。④需要培训的院前急救人员年均超过5 000人，而广州市社会急救医疗指挥中心只能满足1 000人的培训需求。

《管理条例》在第三十九条第二款中明确规定，本市建设急救与灾难医学技能培训基地，旨在为破解制约，提高急救培训质量，发挥制度推动作用。在外部支撑上，这一规定回应了国家文件精神，《关于进一步完善院前医疗急救服务的指导意见》（国卫医发〔2020〕19号）“（四）推进急救中心（站）建设”中提出，有条件的市级急救中心建设急救培训基地，配备

必要的培训设施，以满足院前医疗急救专业人员及社会公众急救技能培训需求。在内部条文上，这一规定是有效执行《管理条例》（2023 年 5 月 1 日施行）第四条第一款第六项、第九条第五项等有关急救技能培训规定的必要保障。

2. 培训支持

红十字会是开展应急救护培训的中坚力量。《管理条例》第四十五条第一款规定，市、区人民政府应当支持红十字会等组织开展应急救护培训。在表述规范方面，2009 年修正的我国《红十字会法》第十二条第二项使用的表述是“初级卫生救护培训”；2017 年修订的我国《红十字会法》（1993 年 10 月 31 日第八届全国人民代表大会常务委员会第四次会议通过，根据 2009 年 8 月 27 日第十一届全国人民代表大会常务委员会第十次会议《关于修改部分法律的决定》修正，2017 年 2 月 24 日第十二届全国人民代表大会常务委员会第二十六次会议修订）第十二条第二项使用的表述为“应急救护培训”，因而将“初级卫生”调整为“应急”。

社会力量是开展社会急救培训的有益补充，《管理条例》第四十五条第二款新增规定，市、区人民政府及相关行政部门可以通过购买服务、专项补贴等方式，支持和鼓励社会力量开展社会急救培训，基于不属于必须采用政府购买方式的范畴，故赋予市、区人民政府及相关行政部门选择权。

（二）演练保障

院前医疗急救演练，能考验急救人员对突发紧急事件的快速反应能力和急救技能掌握水平，有助于进一步提升对急危重症患者的急救效率。紧急医学救援演练是提高救援人员应急救治能力、积累应急救治经验的重要途径。《管理条例》第四十条规定，卫生健康行政主管部门、急救医疗指挥机构应当每年定期组织开展院前医疗急救和紧急医学救援演练，及时评价演练效果，提高本市应急救援能力和水平。

在立法改进方面，实践中，急救医疗指挥机构是开展演练工作的重要组织者，因而予以增补。“院前急救”的表述较为通用，故删除“‘120’急救医疗”。紧急医学救援是急救医疗指挥机构履行的职责，故增加为演练内容。“医疗机构”的范围较窄，难以应对当今应急救援具有全市性、综合性、多系统性等多方面的需要，故调整为“本市”。

第三节　广州市社会急救医疗人员保障机制

一、广州市社会急救医疗人员队伍建设保障

（一）总体建设保障

稳定充足的急救医疗人员队伍是长效发展广州市社会急救医疗事业的核心保障。据立法修订调研反馈，急救医疗队伍人员紧缺、流失率高、任务重、薪酬低和晋升难等现状已成为制约广州市社会急救医疗事业发展的瓶颈。因而，《管理条例》第三十八条第一款要求，市、区人民政府应当加强急救医疗队伍建设。

人员队伍建设具有长期性、复杂性、系统性、综合性，有必要对市、区人民政府提出急救医疗人员队伍的总体建设要求，以利于从统领性角度发挥顶层设计作用。

（二）年度计划保障

年度计划是推动和落实人员队伍建设的重要途径。《管理条例》第三十八条第二款规定，卫生健康行政主管部门应当会同人力资源和社会保障等行政管理部门，根据本市社会急救医疗发展规划，制订指挥调度人员和急救人员引进、培养和职业发展年度计划。除了引进之外，年度计划内容尚须包括培养和职业发展。培养针对的是指挥和急救医疗能力的提升，职业发展针对的是人员不稳定、职业上升空间逼仄等困境。

相比同类地方立法，该款规定的亮点和创新之处在于从广义角度界定急救医疗人员队伍，明确该队伍包含往往被忽略或者不够被重视的急救医疗指挥调度人员，从而极富针对性地拓展了广州市未来急救医疗人员队伍的建设维度和深度。该款规定具有缓解指挥调度人员现实困顿的实用性。书面调研材料显示，广州市急救医疗指挥中心指挥调度人员一是存在引进难问题，指挥调度人员基本以编外合同制人员为主，学历层次不高，流动性大，因待遇偏低、常年需要轮值夜班等因素导致人员招聘困难；二是存在指挥调度队伍能力不足的缺陷，在适应调度功能的转换方面相对滞后。

（三）学科建设支持

急救专业课程是加强急诊医学学科建设不可或缺的必然、必要途径，是加强广州市社会急救医疗人员队伍建设的源头性基础性途径。急诊医学学科建设得越成熟，急救医疗人员队伍质量和水平建设得越高。《管理条例》第三十八条第三款规定，鼓励本行政区域内医学院校开设急救专业课程，加强急诊医学学科建设。

高校课程设置一是以国家和地方课程计划为依据，二是以地方社会、经济发展具体情况为依据。在没有国家和地方课程计划作为现有依据时，一方面，对开设急救专业课程进行强制性要求存在正当性之困；另一方面，从亟待加强急救医疗人员队伍建设这一地域迫切需求出发，有必要在倡导层面鼓励开设急救专业课程，为急诊医学学科建设提供极其关键的专业人才支撑。这一鼓励性立法制度由此具有探索推动的开创之效，说明不仅仅只有强制性规范才具有创新性。

二、广州市紧急医学救援人员建设保障

（一）紧急医学救援专家库

在定位层面，紧急医学救援的主要定位是尽最大的努力抢救最多数量的患者。组建紧急医学救援专家库的主要定位亦是尽最高的专业能力抢救最疑难的危重症患者。在功能层面，组建紧急医学救援专家库是为了在发生突发事件时，能迅速调动专家力量，保障紧急救援专业及时和高质、高效的程度。在职责层面，广州市急救医疗指挥中心同时亦是广州市紧急医学救援指挥中心；广州市卫生健康委员会作为急救医疗指挥机构的行政主管部门，组建紧急医学救援专家库乃履职职责。

据此，《管理条例》第三十九条第三款规定，卫生健康行政主管部门应当建立突发事件紧急医学救援专家库。这在制度上对主管部门提出刚性要求，提高对紧急医学救援专家队伍建设的保障力度。

（二）紧急医学救援队

重大突发事件的发生频率和危害程度呈逐年上升的趋势，紧急医学救援的重要性随之凸显。紧急医学救援队需要承担现场伤员搜救、紧急医疗救

助、灾区防疫、灾后心理障碍处理等任务，这些工作的开展须有相应的人员保障。《管理条例》第三十九条第四款规定，二级以上综合医院应当建立紧急医学救援队，在市急救医疗指挥中心的统一指挥调度下，参与重大或者特别重大突发事件中的急救医疗工作。

《突发事件紧急医学救援"十三五"规划》（国办发〔2017〕2号）提出，到2020年二级及以上公立医院均要设置应急管理专（兼）职机构。第四款将建立等级确定为二级以上综合医院，一定程度上结合了其中的公立医院已建或将建应急管理专（兼）职机构的组织因素；将参与范围设定为重大或者特别重大的突发事件，排除一般和较大的突发事件，是出于必要性的考量，体现出制度设计时取舍有度的合理面向。

三、广州市社会急救志愿队伍建设支持

作为"志愿之城"，截至2017年，广州在全市机关、城区、农村、校园、企业等各界建立志愿服务队伍1.6万多支，其中，社区志愿服务队伍的数量较多，医疗志愿队伍尤其是更为细类的社会急救志愿队伍较少。发生重大或者特别重大的公共卫生突发事件时，社会急救志愿队伍的重要性尤为凸显。社会急救志愿队伍主要由社会力量建立，来自政府及相关部门的支持和鼓励有助于加快建设进程。

顺应促进社会急救志愿队伍建设的现实需求，《管理条例》第四十五条第二款中规定，市、区人民政府及相关行政部门可以通过购买服务、专项补贴等方式，支持和鼓励社会力量建立社会急救志愿队伍，以期为社会急救志愿队伍建设尽可能地提供政府层面的助力。

第四节　广州市社会急救医疗工作保障机制

一、广州市社会急救医疗工作单位保障

（一）交通管理部门保障

在有关院前医疗急救工作的各项保障中，交通管理部门提供的保障至关

重要。生命至上，分秒必争！“120”急救车辆出车后，须尽快到达急救现场，但难以避免社会车辆阻碍执行任务的急救车辆行驶的事件发生，从而延误急危重症患者转运、抢救时间。因此，当遇到交通拥堵时，需要交通管理部门及时进行疏导，履行保障急救车辆顺畅通行的职责。

《管理条例》第四十二条第一项规定：公安机关交通管理部门应当保障执行急救任务的“120”急救车辆优先通行；发生突发事件时，应当设置临时专用通道，保障“120”急救车辆通行。

（二）医保部门保障

广州市医疗保障行政管理部门与急救医疗相关联的职责主要有两项：一是组织制定城乡统一的药品、医用耗材、医疗服务项目、医疗服务设施等医疗保障目录和支付标准的实施管理办法，建立动态调整机制；二是贯彻执行国家、省、市医疗保险、生育保险、医疗救助等医疗保障工作的方针政策和法律法规。与此相对应，《管理条例》第四十二条第二项规定，医疗保障行政管理部门应当结合急救医疗服务成本和居民收入水平等因素，制定和公布急救医疗服务收费标准及调整机制，并按照医疗救助有关规定及时据实支付属于社会救助对象的患者的急救医疗费用。

相比修订前，《管理条例》第二项增加了制定和公布急救医疗服务收费标准及调整机制方面的内容，主要考量有：①急救医疗服务费用关乎医疗机构和患者双方的权益，制定相应标准并予以公布是医疗保障行政主管部门应履行的保障职责，有必要增补。②广州市现行的医疗服务收费标准不统一，散见于各医院基本医疗服务项目价格汇总表中，制定收费标准有利于依照统一收费标准收费，减少因收费标准不一引起的纠纷。在支付急救医疗费用的内容中增加“据实”的要求，有助于约束支付数额与急救医疗费用实际支出不一致的情形，进而缓解由医疗机构承担差额的困境。

（三）通信企业保障

“120”呼救专线电话是人民群众的“急救线”“生命线”，通信企业须将与“120”呼救专线电话相关的设备、线路和电路等纳入重点保障范围，以保障呼救专线电话的平稳与畅通。《管理条例》第四十二条第三项规定，通信企业应当保障“120”专线网络畅通，及时向急救医疗指挥机构提供服务合同规定的信息、资料和技术服务。“120”专线网络畅通需要相关信息和技术服务，故对通信企业提出相应的保障要求。

（四）供电企业保障

安全可靠的供电是院前医疗急救工作正常运行的重要保障。《管理条例》第四十二条第四项规定，供电企业应当保障急救医疗指挥机构、“120”急救网络医院、区域急救医疗中心、急救医疗指挥机构直属急救站的安全稳定供电。

二、广州市社会急救医疗急救车辆通行保障

（一）权利保障

《中华人民共和国道路交通安全法》第五十三条第一款中规定，救护车执行紧急任务时，可以使用警报器、标志灯具；在确保安全的前提下，不受行驶路线、行驶方向、行驶速度和信号灯的限制。该款规定表明执行紧急任务的救护车辆享有在道路上通行的优先权。《管理条例》第四十三条第一款第一项和第三项亦明确规定了急救车辆的这两项优先权。除此，尚规定执行急救任务的急救车辆享有使用公交专用车道、消防车通道、应急车道，在禁停区域或者路段临时停车，免交收费停车场停车费等权利。

为了保障急救车辆尽快完成急救任务，《管理条例》修订时，特增加权利专款。在该款中，一是从权力角度表达警报器、标志灯具的使用；二是增加了第二项、第四项、第五项权力；三是将交通管理部门保障职责中的相关规定调整为第三项，由此针对急救车辆的通行形成较为完备的权力保护体系。

（二）配合义务

执行任务的救护车辆和人员承负着救死扶伤的重要使命，行人和车辆的礼让和提供方便，既是文明的体现，更是对生命的尊重。《管理条例》第四十三条第二款规定，行人和行驶中的车辆遇到执行医疗急救任务的车辆和人员应当及时主动避让，并提供方便。不同于第一款的权力定位，第二款从义务角度予以规范，采取一正一反的双向路径为执行任务的车辆和人员提供较高程度的制度保障。

第八章　国内外社会急救医疗立法背景

第一节　国外社会急救医疗立法背景

社会急救医疗是指对急、危、重伤病员及灾害性、突发性事件中的伤病员，在事发现场和转送到医疗机构内抢救至患者病情稳定或患者死亡的紧急医疗救护活动。经过长期的建设和发展，境外很多其他国家和地区已经制定急救医疗的相关法律，并以此为依据建设急救医疗服务系统，组建急救医疗服务队伍，培养相关人才。国际上，较有代表性的社会急救医疗实践主要有法国、德国、美国和日本等。例如，美国于1973年开始实施的《急救医疗系统法》对急救医疗系统进行顶层设计，为急救医疗事业发展提供基本保障。通过这部法案，美国于20世纪70年代建立急救优先分级调度系统，有效调配急救资源，实现资源利用最大化；此后又建立全国规模的急诊医疗服务网络，探索能够有效覆盖全地区、全过程和全时段并体现救“急”思想的医疗服务网络，提升处置紧急状况的能力、紧急运送的能力和紧急救治的能力，并探索现场帮助、运送服务和医院诊疗三个环节之间无缝对接的有效路径。日本颁布了《消防法》《关于急救医疗对策的调整》等法律和规范性文件，确定了开展急救医疗的基本模式，并明确了不同主体在急救医疗过程中的责任和义务，通过立法保证急救医疗过程的顺畅。

一、欧洲社会急救医疗立法背景

西欧（如联邦德国、意大利、法国、瑞典等）是世界上急救医学开展较早的地区。在急救医学理论研究成果的基础上，二战后西欧各国陆续开展急救医疗实践，纷纷开始组建专门的急救医疗机构。

20世纪60年代后期，由于交通事故、各种意外和急病发生得更为频繁，急救医疗服务的重要性和迫切性日益凸显，欧洲则走在世界急救服务体系的前沿。例如，法国早在1936年就建立以医师为主的全国性服务急救医疗系统，覆盖90%以上的国土。德国自20世纪70年代迅速发展的空中急救事业，覆盖了近95%的领空，已成为日常急救的重要力量。奥地利、挪威、波兰、比利时、瑞典等国家也采取强调就地治疗、迅速救治伤员和稳定病情的法德模式。意大利急救服务体系的运行机制和体制均有《急救法》等法律约束和法律保障。不少国家形成以城市为中心、城乡兼顾的急救网络，地面与空中救护并举，覆盖服务于全地区，形成了海、陆、空三级急救网络体系。

二、美国社会急救医疗立法背景

美国急救医学的研究和实践迟于西欧，但发展较快。20世纪50年代，美国的急救专业人员开始进行科学、规范的现场救治和施行手术。美国心脏协会提倡在公众中普及心肺复苏初步救生术。1968年，美国麻省理工学院倡导建立紧急医疗服务体系。1970年，部分城市成立地区性的急诊医疗体系和急救优先分级调度系统，通过通讯指挥中心和统一的急救呼号，协调院前的现场急救。1972年，尼克松总统决定建立由联邦政府拨款的急诊医疗系统试点，于1973年11月实施《公法93—154急救医疗系统条例》，强化急救医疗系统建设，为提高急救医疗质量和水平提供充足的法律依据和保障。20世纪70年代，建立的急救优先分级调度系统（medical priority dispatch system，MPDS）被认为是急救调度领域的黄金法则，“911”被确定为急救专用电话。美国政府对急救医疗工作服务的重视度提升，私人机构及组织在急救医疗建设中的参与度也明显提高。1976年，全国规模的急诊医疗服务网络建立，并逐渐形成院前急救、现场和途中救护及重症ICU、CCU监护体系。

1983年，美国通过《医院法》，在该部法律的第三部分专门强调了急救医疗服务。1995年，美国高速公路交通安全管理局制定一系列关于紧急医疗调度的条例和标准，并督促运输部门建立急诊医疗服务体系，紧急医疗调度自此有了基本的法律依据。专职的急救医疗服务机制及管理机构的形成，以及急救医疗专业学会和杂志的建立与创办，在一定程度上代表了世界急救医学实践发展的趋势。但美国各州提供的急救服务程度并不相同，主要取决于州政府制定的法规和公众的医疗需求，然而多数情况下是通过法律监督，对其提供的各层次急救工作进行管理。

三、日本社会急救医疗立法背景

日本的急救医疗起步较晚，但是因为整个社会对急救医疗的重视，其急救医疗理论研究与实践都发展很快。自20世纪70年代，日本的急救医学研究和实践逐渐在世界上处于领先地位。1963年修订的《消防法》确定消防机构的急诊服务职责，而且确认消防机构是唯一的全日制服务单位，由其负责急诊患者运送工作，将需要急救的伤、病员送到专门从事急救医疗工作的急救告示医院进行急救。日本的急救告示医院由官方认可，能接受急救患者，类似我国现在的"'120'网络医院"。1963年，日本厚生省制定急救医疗的相关规定，使急救工作向制度化迈进。1964年，日本厚生省确定了急救医院，同时宣布了选择确定急救医院的标准。同年，日本厚生省设立急救医疗恳谈会，并提出《急救医疗对策》，较有计划地全面开展急救医疗。1977年，日本发布的《关于急救医疗对策的调整》，不仅划分了初级、二级、三级急救医疗系统，而且区分了各自的归属。1978年，日本再次修订《消防法》。该法明确规定，消防队负有急救职责，消防队的急救职责主要是运送由事故造成的伤员、传染病患者、危急患者等到急救医院。

1979年10月，日本学术协会建议建立急救医疗教育制度。同年12月，文部省发布了关于加强大学附属医院急救医疗的通知，从此，急救医疗机构与制度不断建立和健全。为纠正病床过剩地区与病床不过剩地区的不平衡，1986年，厚生省对急救医院的要求进行修改，提出医疗计划的重新审查，逐渐形成包括急救医疗、急救运送、急救情报这3个系统的急救医疗体制。[6]急诊患者运送系统由消防机构承担，急诊患者治疗系统负责救治消防机构等运送来的患者，急诊医疗情报联络系统通过电子计算机将本地区的医疗机构及消防总部联系起来，其职责是及时了解并掌握各医疗机构的情况，收到呼救通知时，立即根据所报病情，选择最恰当的医疗机构，并通知家属或急救队将患者送去。各系统在行政管理上相对独立，在急救业务上密切配合，构成比较完整、协调的急救体制。

随着世界各国和地区的急救医疗体系不断完善，国际协作不断加强，急救医疗服务呈现出国际化和全球化发展的趋势。20世纪70年代中期，国际红十字会提出急救事业国际化、国际互助的标准化方针。1985年，亚洲紧急救援中心正式成立，并于1998年正式更名为国际SOS急救援助公司，世界上第一家国际医疗风险管理公司就此诞生。各国大中城市的相关综合医院也都开放国际急救医疗绿色通道，全球性的急救医疗服务网络逐步形成。

目前，国外急救中心已普遍使用电脑并联网，将急救情报服务医院中心电脑和分散在全市有关医疗机构的若干终端机组成网络，逐步实现急救医疗的现代化管理。急救医疗实践的发展倒逼立法的更新与完善，各国纷纷制定急救医疗法律，建立急救医疗制度，规范急救医疗行为，为最大限度保护生命健康提供法律依据和制度保障。

第二节　国内社会急救医疗立法背景

在20世纪50年代，我国的一些城市就建立急救站。在急救医疗领域内，与其他国家相比，我国急救医疗实践的起步并不晚，但是由于各种主客观因素影响，整体医疗水平发展较缓，急救医疗制度和体系直到20世纪80年代才逐步开始完善，国内关于急救医疗立法的特点主要体现在以下几个方面。

一、初期政策支持

中华人民共和国成立后，国内虽然也有一些急救医疗的实践，但较于国际其他发达国家的急救立法进程，我国急救医疗领域内立法的起步较晚，发展较缓。迄今，尚无狭义法律和行政法规层面的专项立法，仅有国家卫生和计划生育委员会（现为国家卫生健康委员会）于2014年颁布的部门规章——《院前医疗急救管理办法》（国家卫生和计划生育委员会令，2013年11月29日发布），针对院前急救机构的设置、执业管理、监督管理等方面做了规定。虽然急救医疗领域内没有中央层面的立法，但是自20世纪80年代，国家卫生部门出台一系列的规章和规范性文件，在一定程度上弥补制度上的缺憾，为急救医疗实践提供的基本规范和依据。

20世纪80年代，由于国家政策和工作重心的调整，教科文卫事业也逐步发展起来。国家卫生部门已经认识到急救医疗的重要性，急救医疗的发展程度能够准确反映医学科学管理和医疗技术水平。为了提高急救医疗机构对灾害、事故的应急能力和日常急救工作水平，相关部门陆续制定并颁布了有关急救医疗的规章和规范性文件，以此来规范并提升急救医疗工作。1980年，卫生部发布了《关于加强城市急救工作的意见》（1980年10月

30 日施行)，这是第一部以急救工作为主题的部委规范性文件，强调了发展急救医疗的重要性，提出“逐步建立健全急救站、医院急诊室（科）并与街道卫生院、群众性基层卫生组织（如红十字卫生站、防治站等）相结合，组成医疗急救网，”并规定了医疗急救网内各机构的责任，同时强调人、财、物的保障，从而为急救医疗事业发展指明方向，并提供基本依据。此后，卫生部于 1983 年颁布了《城市医院急救科（室）建设方案》，规定了急救科建设方案，确立了“首诊负责制”等基本诊疗制度，并于 1985 年确定“120”为急救电话，畅通急诊信息传递渠道。

为了加强急救医疗的组织管理和法律监督，1986 年 9 月 18 日，卫生部又发布了《卫生部关于进一步加强急救医疗工作的补充规定》(1986 年 9 月 18 日施行)，再次强调凡急诊患者，不受区划医疗限制，医疗单位一律实行医院、科室、医生的急诊首诊负责制，坚决杜绝医院间、科室间相互推诿患者的现象。1987 年，卫生部发布《卫生部关于加强急诊抢救和提高应急能力的通知》(1987 年 7 月 9 日施行)，对建立健全急救医疗机构网，提高急诊抢救和应急能力提出具体要求。至此，在中央层面初步建立急救工作体系和相关制度，促进全国范围内三级医疗机构普遍建立急诊科（室），部分大、中城市建立急救中心，使急救医疗渐渐步入法治轨道。

二、社会需求催化立法进程

社会实践中，民众对提升急救医疗服务的需求催生了相关法律制度的出台并不断优化。基于以下几个方面的因素，民众对于急救医疗的需求越来越大：我国人口老龄化程度的加深和疾病谱的改变，现代工业污染导致生存环境的变化及对人类生命健康的影响，经济迅速发展所带来的生活节奏加快、交通事故增多等。有的重大灾害、安全事故导致大量人员同时伤亡，尤其是大型事故现场，急需专业规范的急救体系和急救人员介入，开展急救运送、急救信息沟通和急救医疗工作，在黄金救援时间内让更多的人获得专业救助和诊疗，守护健康。实践证明，急诊抢救是医疗工作的最前线，它对救治伤病员、保障人体健康、保护劳动力具有十分重要的作用。

公众健康意识逐步提高，社会民众对院前医疗急救服务的需求也持续增长。民众的需求成为完善急救医疗制度、提升急救医疗水平的源生动力，通过立法回应这种需求是法治社会的基本特征。法律是规范社会关系的利器，是形成良好社会秩序的基本方式之一，将关系国计民生的重要事情和存在较大利益冲突的社会关系纳入法治化轨道内予以规范，是现代法治社会的基本选择。我国十一届三中全会召开后，随着经济发展速度的加快，为了满足人民群众对物质文化生活和社会服务的需求，我国民生建设的制度化、法律化进程也逐步加快，国家的法律体系日趋完善，急救医疗领域当然也不例外。无论是人民法治意识的提高，还是对生命健康的愈加看重，通过立法解决急救医疗领域内的难题已经成为民众一致的呼声。在整体安全观视角下，急救医疗系统已经成为城市公共安全保障体系和公共卫生应急救治体系的有机组成部分，是人民群众生命健康安全的保障条件，因此，加快急救医疗立法进程是对社会需求的回应，已经迫在眉睫。

三、地方立法活跃

1987 年，我国成立中华医学会急诊医学分会。我国所有省会城市及 50% 以上的地级市纷纷建立具有地方特色的医疗急救中心，全国县级以上的公立医院均建立独立的急诊科，并形成院前急救—院内急诊—急诊重症监护室的绿色生命通道。如前所述，1983 年卫生部出台了《医院建设急诊科（室）的方案》，进行行政管理制度上的规范。急诊科自此成为医院独立建制的科室，在全国大部分地区建立和发展。2013 年 11 月，《院前医疗急救管理办法》（国家卫生和计划生育委员会 3 号令）公布实施，在国家层面对统一管理规范、缓解人员不足、保障急救医疗运行经费等方面进行原则性的规定。《院前医疗急救管理办法》（国家卫生和计划生育委员会令第 3 号）不仅在制度上为急救医疗工作的发展提供基本保障，还为地市出台或者修改院前急救医疗相关规范提供依据和参考。

我国在中央统一领导下的多级立法和多类立法并存，因此，除中央层面拥有立法权外，各设区市可以结合本地特点制定地方性法规或地方政府规章。鉴于急救医疗或其同主题内容缺乏狭义法律和行政法规层面的专项立法，同主题的地方性立法比较活跃。同时，因为地方性法规的立法权限比地方政府规章的立法权限大，多数城市倾向于制定地方性法规，所以制定地方性法规的城市比制定地方政府规章的城市多。例如，北京市、广州市、上海市、深圳市、杭州市、郑州市、南京市、西安市、长沙市、武汉市等城市的市人民代表大会常务委员会制定了地方性法规，沈阳市、济南市、青岛市等少数城市的市人民政府制定了地方政府规章。

尽管我国的立法体制实行中央统一领导下多级并存、多类结合的模式，中央和地方均拥有立法权，但是基于单一制国家的本质特征决定，地方的立法权限必然有一定的限制。依据《中华人民共和国立法法》（2023 年修正）的基本理论，国家卫生健康委员会制定颁布的部门规章不能作为地方性法规的立法依据，但可以为地方性法规提供参考，可以扩展地方立法的思路。因此，在国家卫生健康委员会出台一系列规章和规范性文件后，各个地方纷纷在其立法权限范围内制定以急救医疗为主题的地方性法规、经济特区法规或地方政府规章。

广州市率先制定的《管理条例》属于地方性法规，于 1996 年 9 月 25 日起正式施行。此后，2004 年，徐州市人民政府颁布了《徐州市社会急救医疗管理办法》（2004 年 10 月 26 日徐州市人民政府令第 102 号公布，2010 年 11 月 29 日徐州市人民政府令第 123 号修改，自 2005 年 1 月 1 日施行）；2005 年，《青岛市社会急救医疗管理规定》（2005 年 8 月 18 日青岛市人民政府令第 183 号公布，2016 年 12 月 30 日经青岛市人民政府第 128 次常务会议修订，2017 年 2 月 4 日青岛市人民政府令第 253 号公布）经青岛市政府常务会议审议通过；2009 年 3 月 1 日，《南宁市社会急救医疗管理条例》（2008 年 6 月 20 日南宁市第十二届人民代表大会常务委员会第十七次会议通过，2008 年 11 月 28 日广西壮族自治区第十一届人民代表大会常务委员会第五次会议批准，根据 2021 年 7 月 28 日广西壮族自治区第十三届人民代表大会常务委员会第二十四次会议关于批准《南宁市人民代表大会常务委员会关于修改〈南宁市燃气管理条例〉等十六件地方性法规的决定》的决定修正）颁布实施；2010 年，安徽省卫生厅发布《安徽省院前急救管理办法（试行）》（皖卫医〔2010〕16 号）。此外，北京市、上海市、杭州市、郑州市、武汉市、成都市、西安市、贵阳市等城市人民代表大会常务委员会也制定急救医疗地方性法规，沈阳市、济南市等城市的市人民政府亦制定政府规章，从而使我国的大部分地方在急救医疗领域有法可依，并为加强急救医疗服务队伍的管理、规范急救医疗行为等方面提供法律保障，有力地推动了地方社会急救医疗事业的法制化建设。我国台湾地区于 1984 年通过《紧急医疗救护法》（2002 年 1 月 30 日公布并施行，2012 年修正），其对紧急医疗模式、物资保障、机构分工和人员保障等方面予以规定。上述法规和规章有的以院前医疗急救为标题，有的以社会急救医疗为标题，虽然章节体例不完全一样，但是核心内容并无二致；在缺乏狭义法律和行政法规层面有关社会急救医疗服务体系管理的专项立法的前提下，这些地方性法规和规章，虽然其立法权限有限、效力空间范围有限，但是为地方急救医疗事业的发展提供了更具有针对性的依据和支持，同时也为狭义法律和行政法规层面的立法积累了丰富的经验。

上述国家和地区顺应时代的发展，回馈社会关注，先后出台了与急救相关的法律法规，使该国或该地区的急救医疗有了法律依据和法制保障，急救医疗事业的发展有规划，而且在法律制度的保障下具有发展的可持续性。其成功的经验为我们制定急救医疗相关法律法规提供了参考，反映急救医疗领域立法的必要性；同时，其法律法规中对急救医疗的基本原理和基本制度的设计也为我们提供有意义的借鉴，使我们在立法的过程中可以通过考察其法律制度的运行效果斟酌及设计我们的急救医疗模式、相关制度。因此，其他国家和地区的立法先例不仅说明急救医疗立法具有必要性和可行性，还在法律法规具体制度设计方面提供了一定的借鉴作用，使立法准备工作更充分，条件更成熟。

第九章　国内外社会急救医疗立法经验与启示

第一节　境外社会急救医疗立法经验与启示

社会急救医疗立法，既因为各国政治经济体制和历史文化传统不同而存在差异，又因为社会急救医疗体现的对人类生命健康的共同追求而存在共性。境外的社会急救医疗立法起步早，我们可以从相应的研究及其急救医疗实践中找到具有普适性的原理、原则和模式，结合本国情况进行本土化改造，因此，有必要梳理国外社会急救医疗的立法经验与启示。境外社会急救医疗是在不断完善院前急救模式的基础上，通过立法建立急救医疗保障制度、医护队伍选拔和培养制度、全民皆兵的教育体系规划及多渠道的经费来源机制，从而在人、财力、技术等方面保障社会急救医疗事业的发展和急救水平的提升。

一、境外院前急救医疗模式立法经验与启示

境外院前急救医疗模式主要有两种模式：①英美模式，核心理念是以最快的速度将患者送到就近医院进行抢救，单纯突出急救中“急”的因素，美国、英国、加拿大、澳大利亚等国和我国台湾、香港地区均采用这种模式。②法德模式，院前急救医疗模式与我国内地当下的情况相似，院前急救医疗模式既包括将紧急情况下的伤病员安全送达医疗机构，又包括在运送前和运送过程中的初步诊断和即时的救护措施，核心理念是把救护车打造成“流动医院”，稳定患者病情后再送往相关医院。德国、法国、俄罗斯等欧洲国家采用这种模式。

因为两种模式的目的和宗旨不同，所以在院前急救中所呈现的特点各异。在英美模式下，由于强调以最快速度将伤病员送往医院，医务人员现场仅做简单救护，对救护员的要求不高，救护职责由警察或消防部门承担。警察或消防员经过简单培训后即可成为救护员，不需要专业程度较高的医学知

识和技能。在法德模式下，由于强调在救护现场或救护车上进行抢救，技术要求较高，救护车必须配备执业医师和护士。

二、急救体系及管理机制完善立法经验与启示

完善的院前急救体系是实现急救目标的前提条件，建立完善的、布局合理的、覆盖全域的急救医疗网络是完成急救任务的保障；同时，建立科学的管理制度能够保证急救资源合理配置和调动，能够整合急救医疗网络内的所有医疗机构的资源，并发挥其全部效能。因此，国外发达国家非常注重构建急救体系和建立管理制度。

德国的急救网络体系层次分明。德国明确了参与急救服务的部门。参与急救服务的部门主要包括政府、红十字会、汽车俱乐部、消防队、医疗机构和其他社会团体。所有急救体系的各成员单位承担不同的职责：①政府主要负责支付急救医疗费用。②红十字会和汽车俱乐部承担主要的运送职责（德国的急救医疗组织者分属红十字会和汽车俱乐部，90%以上的救护车所有权归属于红十字会）。③消防队负责救护工作的协调与落实，并与其他急救组织承担方签署有关急救协议。④医院主要是指有院前急救资格的高级医院或者大学附属医院，负责收治病患；而社区卫生服务机构作为医院的前端和后端，即在专业的急救队伍到来之前，由社区医生对突发急病患者实施院前急救。在急救医疗服务使患者脱离危险期之后，还需要促进患者基本功能的康复。

在日本，根据伤病员的严重程度，分设初级、二级、三级急救医疗机构制度：①初级急救医疗设施是急救医疗网的基础构成，只针对无须住院的急病患者，主要有休息日、夜间急诊和医生在家值班制。②二级急救医疗设施则针对休息日、夜间需要入院治疗或必要时接受手术的患者。③三级急救医疗机构被称为救命救急中心，旨在收治脑卒中、心肌梗死、多发外伤及头颅外伤等需要呼吸、循环支持治疗的危重急症患者，同时也是一级、二两级急救医疗设施的后方医院。

三、投入和急救装备保障立法经验与启示

国际上相关人士通常认为院前急救属于公益性事业，应当由政府主导并负责院前急救装备的配置。为了保障政府的财政投入，同时也为政府投入提

供法律依据，各国在急救立法时，会将相关内容纳入法律条文中，并在立法中设立相关制度，给急救机构赋权，使之在必要时，可以调动各种资源服务于院前急救。

德国法律规定，急救调度中心不但可以调度管辖下的急救站，还可以调度空中部队、海上救护艇，以及其他地区的急救力量，实行地面、空中、水中、高山等立体救护。地面、空中、水中、高山等不同的紧急救援组织在装备上均有自己的特长，互相弥补，资源共享。同时，所有的救护直升机、救护车、救护艇均配有呼吸机、心电监测仪、自动体外除颤器、氧气瓶、输氧管道、插管器械、急救药品箱、担架、真空固定垫等，便于急救医护人员在车内能及时为病伤者做各种急救服务。在德国，为了能够在第一时间对被急救患者实施有效的急救措施，德国人十分重视在公共场合配置急救设备并制定相关法案。

四、经费支付保障立法经验与启示

充足的经费是确保急救医疗服务可及性的最重要因素。无法支付急救费用会成为供方拒绝向弱势人群提供医疗服务的理由，医疗欠费也阻碍了急救医疗服务的可持续性发展。因此，确立急救医疗服务支出的报销补偿来源机制尤为重要。

全民医疗保障系统常常是急救医疗服务最主要的经费来源。美国等国家的全民医疗保障实行公私混合的多渠道补偿制度，由政府税收、社会保险、私人健康保险、个人健康保险缴费等组成。对没有任何医疗保险的贫困人群，政府设立并运营专项基金，以补偿向这些人群提供急救医疗服务的医院和医生。这是保障弱势人群获得急救医疗服务的有效措施，体现全民医疗保障对全体公民的公平性。

马萨诸塞州是美国第一个实行全民医疗保障的州。政府扩大“医疗救助”项目的覆盖并设立新的公共健康保险，为没有雇主和低收入的居民提供健康保险。对极少数没有健康保险或者短期没有健康保险的居民，政府设立“健康安全网信托基金”，提供急救、医院和初级保健服务的保险报销补偿。

英国也通过立法的方式保障居民急救医疗费用双层支付机制。根据《1992 年社会保障管理法》，一旦国民保险收入进入国民保险基金，则专用于国民保险保障，不再分配给英国国家医疗服务体系。这意味着英国国家医疗服务体系资金与国民保险资金是严格区分的。当居民发生需要支付社会急救医疗费用的时候具有双重保障，一方面，由英国国家医疗服务体系支付98%的医疗费用；另一方面，个人所担负的2%的医疗费还可以通过国民保险进行支付（表9－1）。

表9－1　部分国家急救医疗服务经费保障来源及补偿方法一览

国家	急救医疗保障系统	资金来源	急救医疗服务费用
美国	多渠道保障系统（税收、健康保险、政府专项基金及个人支付）	私人保险公司、社会保险、政府健康安全网基金为服务欠费补偿、个人支付	由患者健康保险提供经费报销，没有报销来源的费用由安全网基金补偿
英国	国家卫生系统（全民医保）	国家税收	由医保经费报销
德国	国家健康保险系统（全民医保）	雇主及雇员购买国家或者私人健康保险	保险公司保费报销
巴西	统一保健系统私人健康保险	政府组织的健康保险占75%，私人保险公司占25%	政府及私人健康保险报销

五、分级调度机制完善立法经验与启示

分级调度与分类分级诊治的机制不同。由于院前急救的特殊性，在伤病员或者其家属电话呼救时，如何调配急救资源完成急救任务是指挥中心调度的主要任务。在指挥中心调度相关资源实施急救时，实质上应当有一个先期判断和筛选，从而将伤病员的急救程序和等级进行初步划分，并据此采取不同的措施。

在意大利，“118”急救中心负责接听急救电话，其工作人员是接受过五年制以上护理专业教育的护理人员。根据急救电话区分病情的轻、重、缓、急，工作人员经过初步判断后由系统做出重要的标注，并根据标注调用不同类型的急救站点和不同类型的车辆。即红色为急救，立即派出生命支持的高级专业急救人员及车辆；黄色为紧急，立即派出车辆；绿色为能够处理的救治情况；白色为不紧急，不需要“118”的帮助。对急救反应时间限定

在需要急救的事件中，对转运或者病情不重的患者不强求急救反应时间。区分不同急救情况使用不同的急救转运工具，可避免造成急救转运工具资源的闲置与浪费。

日本也有类似制度。日本相关法律规定，急救运送工具包括急救车、医护急救车和直升机。其中，急救车是法定紧急车辆，急救车与直升机均由消防机关统管，医护急救车配用于救命救急中心。日本相关法律对各种急救转运工具的分工和使用有严格的标准。

第二节　国内社会急救医疗立法经验与启示

社会急救医疗立法不仅关乎社会公共服务体系的完善，还关乎民众生命健康安全，并为社会急救医疗提供法律保障。因此，社会急救医疗立法迫在眉睫。如前所述，到目前为止，虽然我国尚无社会急救医疗方面的专项法律和行政法规，但是地方立法非常活跃，已经有几十个省、自治区、直辖市和设区的市制定并颁布地方性法规或地方政府规章，在院前急救模式、急救医疗网络建设、急救医疗队伍建设、社会公众参与急救机制等方面进行有意义的探索，为我国社会急救医疗立法积累了丰富的经验，奠定坚实的基础。

一、院前医疗急救医疗模式立法经验与启示

纵观我国目前有效的部门规章和地方性法规、规章的规定，可以看出我国的院前急救模式主要为法德模式，因而一般在立法中不仅对救护车的出车时间有所规定，还对救护车上的人员和设备亦有所要求，通常规定救护车上应当配备符合一定条件的执业医生、护士和医疗救护员。因此，我国的院前急救从第一个环节就强调双向目标，既强调“急”，又强调“救”。在此模式下，各地立法对急救医疗的制度设计又不完全相同，而是结合本地的传统和习惯做出不同规定。

按照急救任务承担主体的不同，国内院前急救医疗模式主要有 3 种模式。

（一）指挥型院前急救医疗模式

指挥型院前急救医疗模式是通过急救医疗指挥机构统一组织、调度急救

医疗资源实现社会急救。在指挥型院前急救医疗模式中，信息系统和医疗资源是分立的。急救医疗指挥机构负责设置“120”呼救专线，对急救呼救受理信息进行登记、汇总、统计、保存和报告，并结合实际情况发出调度指令，负责组织培训和考核指挥调度人员、急救人员，并对“120”车辆进行监督管理。

广州市的急救医疗模式是典型的指挥型。广州市急救医疗指挥中心仅设置少量急救站点，配备少量救护车，承担少量急救任务。广州市急救医疗指挥中心设置指挥平台受理“120”呼叫后，指挥患者附近的医院或直属急救站点，派出救护车和救护人员开展现场救治，再送往相关医院。设立急诊科的医院按照卫生健康行政部门的要求出资设置急救站，配备急救人员、车辆、设备，承担主要的急救任务。无论从机构设置还是职责分工方面看，完全符合指挥型急救医疗模式的特征。

首先，从机构设置方面来看，广州市急救医疗指挥机构包括广州市急救医疗指挥中心和广州市急救医疗指挥分中心，由广州市急救医疗指挥中心负责广州市行政区域内院前医疗急救的统一组织、指挥、调度工作。广州市急救医疗指挥分中心负责辖区内院前医疗急救的组织、指挥、调度工作，并接受广州市急救医疗指挥中心的统一指挥调度和业务指导。其次，从职责分工方面来看，急救医疗指挥机构负责统一设置，接听“120”电话，并调度车辆；而“120”急救车辆及急救人员均属于急救医疗网络中的医疗机构。急救医疗指挥机构与急救医疗机构分工明确，前者负责组织、指挥、调度和协调；后者负责对急、危、重伤病员进行现场救治、转运送医，即实施院前急救。

（二）独立型院前急救医疗模式

独立型院前急救医疗模式是指院前急救是一个相对完整、闭环的系统。院前急救医疗机构集指挥、调度和院前急救医疗于一体，具有信息系统和调度功能，能够独立承担转运送医和院前急救职责。这种独立型院前急救医疗模式可以自行调度和调配救护车资源及院前急救医疗资源，无须依托医院。上海市的院前急救医疗属于典型的独立型院前急救医疗模式，院前急救任务由市、区、县急救中心承担。

《上海市急救医疗服务条例》（上海市人民代表大会常务委员会公告第42号）涵盖院前急救医疗服务、院内急救医疗服务和社会急救活动。院前急救医疗是大急救医疗的组成部分之一。《上海市急救医疗服务条例》中明

确规定，院前急救医疗服务，指由急救中心、急救站作为院前急救机构按照统一指挥调度，在患者送达医疗机构救治前开展以现场抢救、转运途中紧急救治和监护为主的医疗活动。由此可见，上海的院前急救医疗服务是由院前急救机构统一指挥调度并实施现场抢救、转运送及在此过程中的紧急救治和监护。

（三）混合型院前急救医疗模式

混合型院前急救医疗模式，是融合了独立型院前急救医疗模式和指挥型院前急救医疗模式两种模式后形成的独具特色的院前急救类型。在部分区域内，院前急救医疗的运行模式是指挥型。院前急救医疗指挥机构专司指挥，并无独立的医疗资源，指挥机构必须依托医疗机构。接到“120”呼救电话后，结合伤病员的位置及病情，院前急救医疗指挥机构找到距离最近的急救医疗机构，指令其出车实施院前急救。院前急救医疗指挥机构相当于指挥调度部门，由医疗机构承担具体的院前急救任务；在其他区域则由独立的急救医疗指挥机构承担院前急救医疗任务，其运行模式与上海的独立型院前急救医疗模式相同。采用这种混合模式的地方通常基于居住人口的密集程度和医疗资源的分布状况，在市区范围内实行统一指挥调度、在郊区实行独立型院前急救医疗模式。

几年前，北京市设立北京市急救中心，每个区（县）也设立区（县）急救中心，但是部分区（县）急救中心下的急救站点挂靠在所在区（县）的中心医院，资金、人员等均由所在医院承担。另外，以前的北京市不仅存在“120”急救系统，红十字会也设立“999”急救系统，采取社会化运营模式，由自收自支事业单位北京红十字会紧急救援中心负责调度指挥。两个系统间既相互竞争又优势互补，“120”系统和“999”系统分别占全市急救量的 60% 和 40% 。但是这样的双系统在实践运行中会导致一些问题。因此，近 10 年来，北京市致力于院前急救医疗体制改革，构建统一的急救体系，使用统一的呼叫号码和统一的调度指挥，并最终颁布《北京市院前医疗急救服务条例》（北京市人民代表大会常务委员会于 2016 年 7 月 22 日颁布；2021 年 5 月 27 日，北京市十五届人民代表大会常务委员会第三十一次会议表决通过修改《北京市院前医疗急救服务条例》的决定；北京市人民代表大会代表刘学锋在 2021 年的北京市人民代表大会上，领衔提出关于修改《北京市院前医疗急救服务条例》的法规案），彻底地从法律上解决了院前急救两个呼叫号码、两套调度系统问题，实现全市院前急救统一呼叫号码、统一指挥调度；“120”指挥调度中心对城区、郊区的呼救任务由“统一接听、二级调度”调整为“统一受理、一级调度”，一键垂直调派任务到救护车组，实现调度派车流程环节大幅缩减，急救资源高效统筹使用。

二、急救医疗网络建设立法经验与启示

院前急救医疗网络的完善是保障急救医疗实施并提升急救医疗水平的前提条件。有了完善的急救医疗网络，才能为有需要的伤病员提供及时的急救服务，在国家依法治国的背景下，通过立法方式规定急救医疗网络建设是最有效的保障路径。各地根据《中共中央国务院关于深化医药卫生体制改革的意见》（中华人民共和国中央人民政府于2009年3月17日发布）、《院前医疗急救管理办法》（国家卫生和计划生育委员会令，2013年11月29日发布，2014年2月1日实施）、《突发公共卫生事件医疗救治体系建设规划》（国家发展和改革委员会于2003年9月9日发布）等相关规定，强化急救中心（站）和承担院前医疗急救任务的网络医院的布点，并完善其软硬件的建设，为急救医疗提供坚实的物质基础和保障。

（一）急救网络，规划先行

科学合理布局院前急救医疗资源，能够有效整合院前急救网络资源、缩短急救医疗服务反应时间，并提高急救医疗服务能力和服务水平。因此，在进行急救医疗网络建设的过程中，首先要做好规划，规划本行政区域范围内的急救医疗网络机构的数量和位置。在做规划的过程中，需要明确规划目标，考虑相关因素，确定规划原则，明确规划程序。

1. 明确规划目标

规划急救医疗服务网络，优化院前急救医疗资源配置，构建与国民经济和社会发展水平相适应、与居民院前急救医疗服务需求相匹配、布局科学合理、具有可操作性的急救医疗服务网络，最大限度地满足居民急救医疗需求，让经济发展和进步的成果惠及民生。

2. 考虑相关因素

在规划院前急救医疗网络时，应当推行城乡一体化建设，结合现有的急救医疗网络的分布及接诊能力、区域人口数量、人口密度及年龄结构、医疗服务半径、交通状况等情况，以最短反应时间、最快到达终点为导向，构建完善的急救医疗服务网络，适应人民对公共服务质量日趋提高的期待。

3. 确定规划原则

在编制院前急救医疗网络规划时，应当遵循政府主导、共同参与、统筹协调、动态调整的基本原则，明确急救医疗的公益性质，明确政府的保障职责，同时鼓励第三方主体参与，并结合社会实际情况的变化，不断优化调整现在的急救医疗资源，使之与处于变化中的社会实践相适应。

4. 明确规划程序

科学合理的程序是事情得以顺利运转的基础，公正、完整的程序也是实现公平的前提和保障。于院前急救医疗网络规划而言，科学的规划能够将有限的急救医疗资源运用到急救实践中，并发挥其最大的边际效应，以弥补急救医疗资源的不足。因而在立法的过程中，应当明确规划程序，确定编制规划主体、审批主体及公众参与等重点问题，保证规划科学合理。

（二）完善急救医疗机构设施设备

急救设施设备是提升急救水平、保证急救效果、增加急救成功率的物质基础和保障。应当在急救医疗实践中总结经验教训，整理急救过程中必不可少的急救设施设备，并为行政区域内的院前急救医疗机构配置安装这些设施设备。实践中经常会发生伤病员或其家属在“120”到达现场后自行选择医疗机构的问题。之所以会发生类似事件，其原因在于各急救医疗机构的急救设施设备情况不同，而当事人自行选择的医疗机构可能没办法满足急救医疗中“急”的关键条件，这样不仅可能导致患者错过黄金抢救时间，还会导致公共资源的浪费。如果完善了各个院前急救医疗机构的设施设备，当事人自行选择医疗机构的情况在一定程度上会有所减少。

（三）强化培训，提升急救医疗服务水平

院前急救医疗机构应当实行规范化培训，实施分级分类培训，统一规定急救医疗服务标准，理顺急救流程，规范急救医疗服务标准，对从事急救医疗服务的医护人员、“120”驾驶员、担架员等进行规范化培训，强化其职业伦理，提升其业务能力和专业水平。

综上所述，在立法中应规划急救医疗机构布局，平衡急救医疗资源，使行政区域范围内的居民能够得到均等的急救医疗服务；通过完善院前急救医疗机构的设施设备和培训从事急救医疗的医护人员及相关工作人员，充分发挥现在急救医疗资源的效能，提升院前急救医疗水平。

三、管理模式优化立法经验与启示

院前急救医疗效能的发挥不仅需要专业设备和专业技术人员，还需要科学合理的管理机制和体制、合理配置院前急救医疗资源，以促使院前急救医疗工作能够顺畅推进，保障各环节工作有效衔接，争取黄金抢救时间。

（一）推进市区一体化管理

院前急救医疗实践证明，不论指挥型院前急救，还是独立型或者混合型院前急救，都需要建立科学合理的市区一体化管理体系，以利于最大限度地整合资源，提升效率。例如，根据《上海市卫生计生改革和发展“十三五”规划》（上海市人民政府于 2016 年 8 月 2 日印发）、《关于深化本市院前急救体系改革与发展的指导意见》（沪府〔2016〕12 号）等文件精神，上海市卫生和计划生育委员会结合上海市目前医疗事业发展实际，组织制定《上海市院前医疗急救事业发展“十三五”规划》（沪府发〔2016〕57 号）。在《上海市院前医疗急救事业发展“十三五”规划》（沪府发〔2016〕57 号）中，上海市构建市区一体化的管理模式，在区政府对区急救中心管理体制保持不变的框架下，以推进市级统筹为抓手，通过统一指挥调度、统一管理考核、统一建设标准、统一核定绩效工资总量、统筹人才队伍建设、落实财政保障，强化市区院前急救体系的一体化管理，实现全市急救服务效率提升和能力均等。

（二）构建分类分级救护服务模式

科学的救护服务模式通过制度安排将分类分级救护服务模式予以确认，使院前急救服务模式具有可操作性的指引，是提升急救效果的技术性保障。例如，《上海市院前医疗急救事业发展“十三五”规划》（沪府发〔2016〕57 号）强调，应当明确界定急救与非急救的业务范围，完善分类救护服务模式。在急救业务领域，引入急救优先分级调度系统，对病情轻、重、缓、急进行评估，开展分层救护，合理调派急救资源，优先确保危及生命的急救服务；在非急救领域，在院前急救机构内部设立专门承接非急救业务的运营部门，同步探索非急救业务的社会化运行，逐步实现急救业务的分层救护和非急救业务的剥离。北京市制定并颁布的《北京市院前医疗急救服务条例》（北京市人民代表大会常务委员会于 2016 年 7 月 22 日颁布）对院前医疗急救也规定实行分类分级救护，同时完善了急危重症患者急救绿色通道的相关规定。

四、政府职能部门职责完善立法经验与启示

院前急救医疗属于公益事业。国务院出台的《院前医疗急救管理办法》（国家卫生和计划生育委员会令第3号）规定“院前医疗急救是政府举办的公益性事业”。院前急救医疗既然由政府举办，且属于公益性事业，就须细化政府相关部门的职责和权能，发挥政府的积极作用。例如，发展改革部门进行经济社会发展科学规划、服务价格的合理调控；财政部门提供资金保障，减免民众对于急救医疗费用的顾虑，保障急救医疗体系实现“救死扶伤”本位职责；卫生健康部门负责规划和指导行政区域范围内的院前医疗急救体系建设，监督管理院前急救医疗工作；规划部门统筹城乡规划，缩小城乡急救医疗差距；民政部门负责加大对社会贫困居民、“三无”患者的保障；医疗保障部门管理医疗费用的报销事项；公安机关对扰乱正常院前急救服务行为予以治安处罚；交管部门保障救护车的道路通行权等。

五、急救人员激励机制完善立法经验与启示

急救医学科（室）或急诊医学中心在医学领域是很特别的“存在”，是医院中重症患者最集中、病种最多、抢救和管理任务最重的科室，对急救医护人员的要求相对也高。在大部分情况下医生需要具有独立判断和解决问题的能力，迅速诊断病因、紧急救治。但是相对于其他专科医生而言，其职称评定、薪酬待遇等方面与其所承担的任务和承受的压力并不相称，这导致急救医疗队伍的不稳定。因此，应当通过立法对急救医疗人员的激励机制予以制度化。

（1）落实薪酬待遇。对急救医护人员工资待遇按国家、省、市有关规定予以保障。

（2）规划职业发展。适当放宽院前急救医疗专业技术人员在职称评定、晋升方面的条件，稳定专业急救队伍。同时，合理规划专职院前急救医师职业生涯，拓展入口，打通出口，建立院前急救医师转型发展的保障机制。

（3）加大培训力度。注重提高专业技术人员素质，加快培养具备全科医学知识和现场处置能力的专门人才，加强院内急救对院前急救的技术支

援，使人才队伍的建设与形势的发展相适应。

六、监管制度完善立法经验与启示

在院前医疗急救立法中，应当赋予行政机关充分监管的权力，同时也应当明确其监管责任，有权管，更有义务管。现有的院前医疗急救行政监管中，行政许可和行政处罚相结合，充分体现事前监管和事后监管的特点。但是事中监管是缺失的。事中监管的缺失导致只有出了严重的事故才得以处理，各类恶性案件层出不穷。应当从事前、事后向事中转移。立法必须建立日常检查机制，如监督举报制度、定期抽查制度、诚信档案制度等，以保障院前医疗急救管理各项规定落到实处。

附录1　《广州市社会急救医疗管理条例》

（1995年11月29日广州市第十届人民代表大会常务委员会第二十一次会议通过　1996年6月1日广东省第八届人民代表大会常务委员会第二十二次会议批准　2010年10月29日广州市第十三届人民代表大会常务委员会第三十五次会议第一次修订　2011年1月17日广东省第十一届人民代表大会常务委员会第二十四次会议批准　根据2015年5月20日广州市第十四届人民代表大会常务委员会第三十九次会议通过并经2015年12月3日广东省第十二届人民代表大会常务委员会第二十一次会议批准的《广州市人民代表大会常务委员会关于因行政区划调整修改〈广州市建筑条例〉等六十六件地方性法规的决定》修正　2022年8月19日广州市第十六届人民代表大会常务委员会第五次会议修订　2022年11月30日广东省第十三届人民代表大会常务委员会第四十七次会议批准）

第一章　总则

第一条　为了规范社会急救医疗行为，提高社会急救医疗服务水平，及时、有效地抢救急危重症患者，保障公民身体健康和生命安全，根据《中华人民共和国基本医疗卫生与健康促进法》等有关法律法规，结合本市实际，制定本条例。

第二条　本条例适用于本市行政区域内的社会急救医疗活动及其监督管理工作，包括院前医疗急救和社会公众急救。

本条例所称院前医疗急救，是指承担院前医疗急救任务的医疗机构按照急救医疗指挥机构的指挥调度，在患者送达医疗机构救治前开展的以现场抢救、转运途中紧急救治以及监护为主的医疗活动。

本条例所称社会公众急救，是指在突发事件或者意外伤害现场，社会组织和个人及时救护患者的行为。

第三条　社会急救医疗属于政府主导的公益事业，是社会公共安全和公共卫生体系的重要组成部分。

市、区人民政府应当根据国民经济和社会发展需要，将社会急救医疗事业纳入卫生健康事业发展规划，建立稳定的经费和人员保障机制，保障社会急救医疗事业与社会经济同步协调发展。

市人民政府应当制定本市社会急救医疗发展规划，并向社会公布。

第四条 市卫生健康行政主管部门负责本市行政区域内社会急救医疗的监督管理工作，组织实施本条例，履行下列职责：

（一）拟制和实施本市社会急救医疗发展规划；

（二）编制和实施本市院前医疗急救网络设置规划以及自动体外除颤器配置规划；

（三）制定本市社会急救医疗相关政策和标准；

（四）对本市社会急救医疗工作进行监督管理、评估考核；

（五）组织开展重大社会活动急救医疗保障和突发事件紧急医学救援工作；

（六）制定、组织实施本市社会急救医疗知识与技能普及培训年度计划；

（七）法律、法规规定的其他职责。

区卫生健康行政主管部门负责监督管理本行政区域内的社会急救医疗工作。

发展改革、财政、民政、公安、应急管理、规划和自然资源、交通运输、教育、市场监督管理、文化广电旅游、人力资源和社会保障、港务、医疗保障、工业和信息化、通信管理、政务服务数据管理、消防救援、体育等有关行政管理部门和单位应当在各自职责范围内负责社会急救医疗相关工作。

第五条 卫生健康行政主管部门应当定期组织开展面向社区、农村以及机关、企业事业单位等的急救知识和技能的宣传教育培训，增强公众的急救意识和自救、互救能力。

报刊、电视、广播、网络等媒体应当刊播社会急救医疗公益广告，向公众宣传救死扶伤的精神，普及急救医疗知识和技能。

学校应当采取多种形式，对教职工和学生进行急救知识和技能的宣传教育培训。

居民委员会、村民委员会和物业服务企业应当协助开展急救知识宣传教育培训，提高居民的急救意识。

第六条 本市应当加强与香港、澳门以及周边城市社会急救医疗的交流和合作，探索建立跨区域社会急救医疗合作机制，推动粤港澳大湾区卫生与健康事业协同发展。

第二章　院前医疗急救网络

第七条　本市院前医疗急救网络由急救医疗指挥机构和“120”急救网络医院以及根据实际需要设立的区域急救医疗中心、急救医疗指挥机构直属急救站组成。

市卫生健康行政主管部门应当综合考虑城乡布局、区域人口数量、服务半径、交通状况和医疗机构分布情况、接诊能力等因素，编制本市院前医疗急救网络设置规划，报市人民政府批准后公布实施。本市院前医疗急救网络设置规划是本市医疗设施布局专项规划的重要组成部分，应当遵循国土空间总体规划，其涉及空间布局的主要内容纳入国土空间详细规划。

第八条　本市急救医疗指挥机构包括市急救医疗指挥中心和根据实际需要设立的急救医疗指挥分中心。

市急救医疗指挥中心负责本市行政区域内院前医疗急救的统一组织、指挥、调度工作。急救医疗指挥分中心负责辖区内院前医疗急救的组织、指挥、调度工作，并接受市急救医疗指挥中心的统一指挥调度和业务指导。

第九条　急救医疗指挥机构应当履行下列职责：

（一）设置“120”呼救专线电话，配备呼救受理、调派处置、组织指挥等不同层级类别的指挥调度人员；

（二）实行二十四小时值班制度，随时接受呼救；

（三）及时发出调度指令，并协调处理院前医疗急救任务中遇到的问题；

（四）负责对急救呼救受理信息进行登记、汇总、统计、保存和报告，并接受查询申请；

（五）组织培训和考核指挥调度人员、急救人员，开展院前医疗急救科研和宣传教育；

（六）对院前医疗急救网络进行管理，保障指挥调度通信系统和院前医疗急救网络的正常运作；

（七）负责监管和调配“120”急救车辆；

（八）协助政府有关部门开展重大社会活动的急救医疗保障及突发事件

紧急医学救援工作；

（九）法律、法规规定的其他职责。

第十条 急救医疗指挥机构应当综合考虑人口规模、日常呼救业务量以及国家“120”呼救电话10秒内接听比例要求和本市实际需要等因素，合理设置相应数量的“120”呼救线路，科学配备指挥调度人员，保障及时接听并处理公众的呼救电话。

指挥调度人员应当熟悉急救医疗知识和社会急救医疗网络的基本情况，具备专业的指挥调度能力和水平。

第十一条 市卫生健康行政主管部门应当会同有关部门建立广州地区“120”指挥平台，对院前医疗急救网络实行全程动态信息化管理。

“120”指挥平台应当具备“120”急救车辆定位、呼救号码辅助定位、计算机辅助调派、远程数据传输等功能，并与医院信息系统以及“110”“119”“122”等应急系统对接，实现信息共享和联动。

第十二条 “120”急救网络医院由卫生健康行政主管部门按照本市院前医疗急救网络设置规划和下列要求，组织专家进行评审确定，并向社会公布：

（一）达到二级以上综合医院标准；

（二）设有急诊科，并按照规定配备具有急救医疗专业知识和技能的执业医师、执业护士；

（三）配有抢救监护型救护车，车内设备和急救药品、器械符合配置标准，并配有担架员；

（四）具有完善的急救医疗管理制度；

（五）承担院前医疗急救任务应当具备的其他要求。

市卫生健康行政主管部门应当建立院前医疗急救网络退出机制，具体规则由市卫生健康行政主管部门制定。

第十三条 “120”急救网络医院应当在急诊科下设立院前急救组，建立专职院前医疗急救队伍，配备经急救医疗指挥机构培训考核合格的执业医师、执业护士、担架员、驾驶员组成的急救人员，并采取措施鼓励卫生技术人员从事院前医疗急救工作。

市卫生健康行政主管部门应当在现有院前医疗急救网络的基础上，根据本市实际情况设立区域急救医疗中心、急救医疗指挥机构直属急救站。区域急救医疗中心、急救医疗指挥机构直属急救站应当符合《医疗机构管理条例》《医疗机构设置基本标准》中有关急救中心、急救站的标准。具体办法由市卫生健康行政主管部门制定。

第十四条 "120"急救网络医院、区域急救医疗中心和急救医疗指挥机构直属急救站应当履行下列职责：

（一）实行二十四小时应诊制；

（二）服从急救医疗指挥机构的指挥、调度，完成院前医疗急救任务，并做好院前医疗急救信息的登记、汇总、统计、保存和报告等工作；

（三）执行急救医疗操作规范；

（四）按照国家、省和本市的有关规定，对"120"急救车辆及其急救医疗药品、器械、急救设备和医务人员等进行日常管理；

（五）严格执行医疗保障行政管理部门规定的急救医疗服务价格，并公示收费项目和收费标准；

（六）建立和执行急救医师、护士、担架员、驾驶员岗前和岗位培训教育制度，定期开展急救培训及演练；

（七）法律、法规规定的其他职责。

第十五条 区域急救医疗中心、急救医疗指挥机构直属急救站除履行本条例第十四条规定的职责外，还应当履行特殊医疗保障、突发事件紧急医学救援支援等职责。

区域急救医疗中心负责服务区域内"120"急救网络医院和急救医疗指挥机构直属急救站的院前急救培训、质量管理等工作。

第十六条 在医疗资源短缺地区，卫生健康行政主管部门根据实际需要，可以确定由当地符合本条例第十二条第一款第二项、第三项和第四项规定要求的医疗机构临时承担院前医疗急救任务。

在医疗资源短缺的农村地区，可以配备经急救医疗指挥机构培训考核合格的执业助理医师参与实施院前医疗急救工作。

医疗资源短缺地区由市卫生健康行政主管部门依照国家、省有关规定确定、调整。

第十七条 医疗卫生机构应当组织本单位的医务人员接受急救培训和考核。

第三章 院前医疗急救救治

第十八条 院前医疗急救遵循统一指挥调度、快速救治的原则。

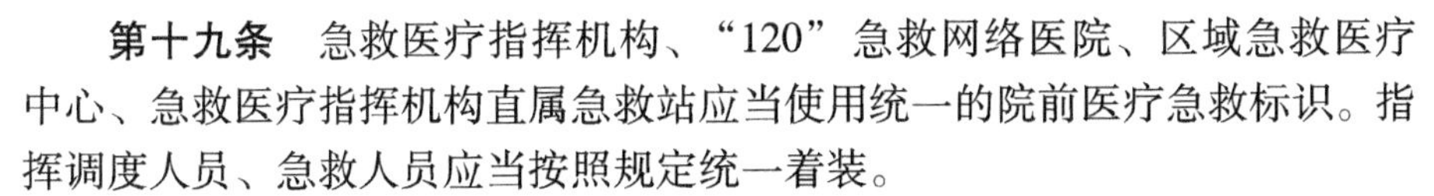

第十九条 急救医疗指挥机构、“120”急救网络医院、区域急救医疗中心、急救医疗指挥机构直属急救站应当使用统一的院前医疗急救标识。指挥调度人员、急救人员应当按照规定统一着装。

“120”急救车辆应当按照规定喷涂统一的急救标识，安装、使用统一的警报装置。“120”急救网络医院、区域急救医疗中心、急救医疗指挥机构直属急救站应当定期对“120”急救车辆及其急救医疗器械、设备进行检查、检验、维护、更新、清洁和消毒，保障其状况良好。

急救医疗指挥机构应当配备急救指挥、通信、物资保障等用途的车辆，且不得挪作他用。

第二十条 “110”“119”“122”等应急系统接到报警时，得知有急危重症患者的，应当在呼救信息接听完毕后一分钟内通知急救医疗指挥机构。

第二十一条 急救医疗指挥机构应当按照就急、就近的原则，在呼救信息接听完毕后一分钟内向“120”急救网络医院、区域急救医疗中心或者急救医疗指挥机构直属急救站发出调度指令；指挥调度人员可以对呼救人员给予必要的急救指导。

第二十二条 “120”急救网络医院、区域急救医疗中心或者急救医疗指挥机构直属急救站应当在接到急救医疗指挥机构的调度指令后三分钟内派出“120”急救车辆及急救人员。

在确保交通安全的前提下，急救人员应当尽快到达急救现场；在到达现场前及时与呼救人员取得联系，给予必要的急救指导。

急救人员在途中遇到车辆故障、交通拥堵等情况，预计在接到调度指令后十五分钟内不能到达急救现场的，应当立即向急救医疗指挥机构报告，并向呼救人员说明情况。急救医疗指挥机构应当根据实际情况，协助急救人员采取请求公安机关交通管理部门帮助，或者调派其他急救车辆前往急救现场等处理措施。

第二十三条 急救人员到达现场后，应当在确保施救环境安全的情况下，按照急救医疗操作规范立即对患者进行救治。

现场工作人员应当在职责范围内，采取措施保障施救环境安全，并为现场急救活动提供协助、便利。现场患者或者其监护人、近亲属应当协助急救人员做好相关工作。

急救医疗指挥机构无法确认患者地址或者急救人员无法进入现场开展急救的，应当请求公安机关或者消防救援等部门的协助；公安机关、消防救援等部门应当及时予以协助。

第二十四条 患者经急救人员现场处置后需要送至医疗机构救治的，急救人员应当遵循就近、就急、满足专业需要的原则，结合患者或者其监护人、近亲属等意愿，将患者转运至医疗机构及时救治。

患者或者其监护人、近亲属要求送往其指定医疗机构的，急救人员应当告知其可能存在的风险，经患者或者其监护人、近亲属签字确认自行承担风险后，将患者送往其指定的医疗机构。

具有下列情形之一的，急救人员有权按照就近、就急、满足专业需要的原则决定将患者送往相应的医疗机构，并告知理由和如实记录，患者或者其监护人、近亲属应当配合：

（一）患者病情危急或者有生命危险的；

（二）要求送往的医疗机构与急救现场的路程距离超过十公里的；

（三）要求送往的医疗机构不具备相应救治条件的；

（四）患者或者其监护人、近亲属要求送往其指定的医疗机构，但是拒绝签字确认自行承担风险的；

（五）依法需要对患者进行隔离治疗的；

（六）为应对突发事件由政府统一指定医疗机构的；

（七）法律、法规有特别规定的。

第二十五条 患者经现场处置后需要转运至医疗机构救治的，急救人员应当立即通知医疗机构做好救治准备。医疗机构不具备相应救治条件，或者患者及其监护人、近亲属选择送往其他医疗机构的，急救人员应当立即向急救医疗指挥机构报告。急救医疗指挥机构接到报告后，应当及时联系医疗机构做好救治准备。

患者被送至医疗机构后，急救人员应当及时与医疗机构办理交接手续，医疗机构应当立即对患者进行救治。

第二十六条 急救医疗指挥机构在呼救信息中发现患者疑似传染病需要特殊防护的，应当指导患者做好防护，并立即发出调度指令。接到调度指令的“120”急救网络医院、区域急救医疗中心或者急救医疗指挥机构直属急救站应当及时派出符合防护要求的“120”急救车辆和急救人员。急救人员在现场救治过程中发现患者疑似传染病需要特殊防护的，应当立即向急救指挥机构报告，并将患者送往指定医院。法律、法规等另有规定的从其规定。

医疗机构不得以疫情防控等为由拒绝接收或者延误救治患者。发生拒绝接收或者延误救治患者的，急救人员应当立即向急救医疗指挥机构报告情况，急救医疗指挥机构应当及时进行协调处理；患者或者其监护人、近亲属也可以拨打“120”急救电话反映情况。必要时，急救医疗指挥机构应当及时向卫生健康行政主管部门报告情况，卫生健康行政主管部门应当及时处理。

市卫生健康行政主管部门应当制定本行政区域内突发事件医疗应急预案。发生突发事件时，卫生健康行政主管部门应当根据突发事件医疗应急预案分级分类组建急救转运专门队伍，并指导、规范社会急救医疗救治工作，保障救治渠道畅通。全市各级各类医疗机构应当按照应急响应级别，开通急危重症患者就诊绿色通道，并接受急救医疗指挥机构的统一指挥调度，对患者进行现场救治和转运。

第二十七条 急救医疗指挥机构应当妥善保存“120”呼救专线电话录音、急救呼救受理信息等资料，保存时间不少于三年。“120”急救网络医院、区域急救医疗中心、急救医疗指挥机构直属急救站应当按照医疗机构病历管理相关规定，做好现场抢救、转运途中救治、监护等过程的信息记录以及资料保管工作。

有关单位或者个人在保存期限内申请查询、调取上述资料的，急救医疗指挥机构、“120”急救网络医院、区域急救医疗中心或者急救医疗指挥机构直属急救站应当参照医疗机构病历管理的相关规定提供。

第二十八条 禁止下列扰乱院前医疗急救秩序的行为：

（一）冒用急救医疗指挥机构、“120”急救网络医院、区域急救医疗中心、急救医疗指挥机构直属急救站以及“120”的名称和急救标识；

（二）假冒“120”急救车辆名义从事院前医疗急救活动；

（三）擅自动用“120”急救车辆执行非院前医疗急救任务，或者擅自使用“120”急救车辆对非急救病人进行转院、转送；

（四）在非执行紧急任务时使用“120”警报器、标志灯具；

（五）谎报呼救信息，对“120”呼救专线电话进行恶意呼救和其他干扰；

（六）拒不避让或者阻碍执行医疗急救任务的救护车通行；

（七）侮辱、威胁、恐吓、谩骂、伤害、阻挠急救人员，妨碍院前医疗急救工作正常开展；

（八）其他扰乱院前医疗急救秩序、违反治安管理规定的行为。

第二十九条 卫生健康行政主管部门应当对急救医疗指挥机构进行监督、检查，每年定期组织对“120”急救网络医院、区域急救医疗中心、急救医疗指挥机构直属急救站进行考核，并向社会公布考核结果；对考核不合

格的，责令限期整改。

第三十条 卫生健康行政主管部门应当向社会公布急救医疗监督电话，接受举报和投诉，对被举报、投诉的行为依法进行处理。属于实名举报或者投诉的，卫生健康行政主管部门应当按照规定将处理情况书面答复举报人或者投诉人。

第四章 社会公众急救

第三十一条 鼓励为有医疗急救需要的人拨打“120”呼救专线电话，并提供必要帮助。

鼓励具备急救能力的个人在医疗急救人员到达前，对患者实施紧急现场救护，其紧急现场救护行为受法律保护。本市探索建立志愿者参与社会公众急救工作机制。市卫生健康行政主管部门探索建立医疗急救志愿者呼叫平台，呼叫患者现场周边的具备资质的医疗急救志愿者在急救人员到达前自愿参与现场救护。

第三十二条 本市应当建立公众急救培训体系。市卫生健康行政主管部门应当制定培训计划，并统一培训内容和考核标准。单位和个人开展社会急救医疗培训活动，应当执行统一的培训内容和考核标准。

卫生健康行政主管部门、急救医疗指挥机构、红十字会应当依照本市社会急救医疗知识与技能普及培训年度计划，对社会公众开展心肺复苏、自动体外除颤器使用、气道异物梗阻解除手法等内容的急救技能培训。

鼓励医疗机构、医学行业协会、医学科研机构等具备培训能力的组织提供急救培训服务，并建立培训台账，如实记录培训师资、对象和内容等信息。

人民警察、消防救援人员、政务服务人员、学校教职工、安保人员、旅游业及公共交通业从业人员所在单位应当组织上述人员参加急救培训。

第三十三条 火车站、长途汽车站、客运码头、城市轨道交通站点、机场、高速公路服务区、体育场馆、风景旅游区等场所的管理单位，经营高危险性体育项目的企业，建筑施工单位以及大型工业企业等，应当配置必要的急救器械和药品，在生产经营时间安排经过急救培训的工作人员或者志愿服务人员在岗，并在院前医疗急救和突发事件中协助开展紧急现场救护。

市卫生健康行政主管部门应当制定公共场所急救器械、药品配置指导目

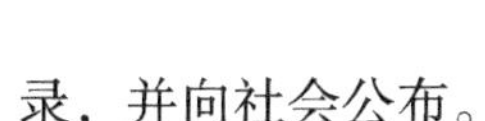

录，并向社会公布。

第三十四条 政务服务大厅、机场、火车站、客运码头、城市轨道交通站点、高速公路服务区、风景旅游区、学校、体育场馆、养老服务机构、大型商场等公共场所和单位应当配置自动体外除颤器，并定期检查、维护保养和做好记录。

鼓励其他公共场所和公安派出所、消防救援站等单位配置自动体外除颤器，鼓励社会力量捐赠自动体外除颤器。

市卫生健康行政主管部门应当制定公布自动体外除颤器配置规划和配置规范，建立自动体外除颤器电子地图、导航和远程管理系统，方便公众查询、使用。

第三十五条 支持和鼓励急救医疗志愿服务组织、急救医疗志愿者等社会力量参与社会公众急救活动。

鼓励单位和个人对社会急救医疗事业进行捐助和捐赠。捐赠物资上可以依法标注捐赠者的名称。

鼓励个人学习医疗急救知识与技能，提高自救、互救能力。

第五章　社会急救医疗保障

第三十六条 市、区人民政府应当设立院前医疗急救专项经费，并纳入本级财政预算。

院前医疗急救专项经费应当专门用于以下方面：

（一）购置、更新和维护“120”急救车辆、急救医疗设备和器械、通信设备等；

（二）补贴“120”急救网络医院院前急救组、区域急救医疗中心、急救医疗指挥机构直属急救站和依照本条例第十六条第一款规定临时承担院前医疗急救任务的医疗机构从事“120”急救医疗的支出；

（三）急救知识宣传和急救医疗培训、演练等。

市卫生健康行政主管部门应当制定本市“120”急救医疗补贴标准。卫生健康行政主管部门应当按照标准向“120”急救网络医院、区域急救医疗中心、急救医疗指挥机构直属急救站和依照本条例第十六条第一款规定临时承担院前医疗急救任务的医疗机构据实支付“120”急救医疗补贴。

第三十七条 市、区人民政府应当加大对辖区内急救医疗的财政投入，完善“120”急救网络医院、区域急救医疗中心、急救医疗指挥机构直属急救站布点，按照国家有关规定和本市实际需要配备“120”急救车辆，建立“120”急救车辆清洗消毒场所，满足本市院前医疗急救的需要。

医疗资源短缺地区的卫生健康行政主管部门应当根据院前医疗急救网络设置规划，逐步改善基层医疗卫生机构急救医疗条件，并将符合本条例第十二条第一款规定条件的医疗机构纳入院前医疗急救网络。

在现有社会急救医疗网络的基础上，本市探索建立院前医疗急救与消防救援统筹建设模式，建立健全联合救援机制，提高院前医疗急救效率。

第三十八条　市、区人民政府应当加强急救医疗队伍建设。

卫生健康行政主管部门应当会同人力资源和社会保障等行政管理部门，根据本市社会急救医疗发展规划，制定指挥调度人员和急救人员引进、培养和职业发展年度计划。

鼓励本行政区域内医学院校开设急救专业课程，加强急诊医学学科建设。

第三十九条　本市建立健全陆地、空中与水上急救医疗联动机制，发展多元化急救医疗服务体系。

本市建设急救与灾难医学技能培训基地、医疗保障与应急物资储备库。

卫生健康行政主管部门应当建立突发事件紧急医学救援专家库。

二级以上综合医院应当建立紧急医学救援队，在市急救医疗指挥中心的统一指挥调度下，参与重大或者特别重大突发事件中的急救医疗工作。

第四十条　卫生健康行政主管部门、急救医疗指挥机构应当每年定期组织开展院前医疗急救和紧急医学救援演练，及时评价演练效果，提高本市应急救援能力和水平。

第四十一条　本市将院前医疗急救服务产生的符合规定的医疗费用纳入城镇职工医疗保险、城乡居民医疗保险的报销范围。具体办法由市医疗保障行政管理部门会同市卫生健康行政主管部门等制定。

第四十二条　有关单位应当为院前医疗急救工作提供以下保障：

（一）公安机关交通管理部门应当保障执行急救任务的“120”急救车辆优先通行；发生突发事件时，应当设置临时专用通道，保障“120”急救车辆通行；

（二）医疗保障行政管理部门应当结合急救医疗服务成本和居民收入水平等因素，制定和公布急救医疗服务收费标准及调整机制，并按照医疗救助有关规定及时据实支付属于社会救助对象的患者的急救医疗费用；

（三）通信企业应当保障“120”专线网络畅通，及时向急救医疗指挥机构提供服务合同规定的信息、资料和技术服务；

（四）供电企业应当保障急救医疗指挥机构、“120”急救网络医院、区域急救医疗中心、急救医疗指挥机构直属急救站的安全稳定供电。

第四十三条 “120”急救车辆执行院前医疗急救任务受法律保护，并享有下列权利：

（一）依法使用警报器、标志灯具；

（二）使用公交专用车道、消防车通道、应急车道；

（三）在确保安全的前提下，不受行驶路线、行驶方向、行驶速度和交通信号灯的限制；

（四）在禁停区域或者路段临时停车；

（五）免交收费停车场停车费；

（六）法律、法规规定的其他权利。

行人和行驶中的车辆遇到执行医疗急救任务的车辆和人员应当及时主动避让，并提供方便。

第四十四条 对接收的流浪乞讨的患者，“120”急救网络医院等医疗机构应当立即救治，并及时通知属地救助管理机构。救助管理机构应当及时到医院甄别是否属于救助对象；属于救助对象的，为其办理救助登记手续，按照流浪乞讨人员救助管理的有关规定偿付救治费用。

对因意外伤害需紧急抢救，无经济支付能力又无其他渠道解决急救期间的基本医疗费用的患者，“120”急救网络医院等医疗机构应当按照本市红十字社会急救医疗救助专项资金管理的有关规定，协助其申请专项资金支付急救期间的基本医疗费用。

第四十五条 市、区人民政府应当支持红十字会等组织开展应急救护培训和应急救护志愿服务。

市、区人民政府及相关行政部门可以通过购买服务、专项补贴等方式，支持和鼓励社会力量开展社会急救培训、配置自动体外除颤器、建立社会急救志愿队伍等社会公众急救建设。

第六章 法律责任

第四十六条 卫生健康行政主管部门及其工作人员有下列行为之一的，

由有权机关责令限期改正；逾期不改正或者情节严重的，对负有责任的主管人员和直接责任人员依法给予处理；构成犯罪的，依法追究刑事责任：

（一）违反本条例第十二条第一款，不按照规定确定“120”急救网络医院的；

（二）违反本条例第二十六条第二款，对医疗机构拒绝接收或者延误救治患者的行为不按照规定处理，或者不按照规定制定、执行突发事件医疗应急预案的；

（三）违反本条例第二十九条，不按照规定考核“120”急救网络医院、区域急救医疗中心、急救医疗指挥机构直属急救站的；

（四）违反本条例第三十条，对举报、投诉违反本条例的行为未依法及时处理或者未按照规定将处理意见书面答复举报、投诉者的；

（五）违反本条例第三十二条第一款，不按照规定制定培训计划，或者不按照规定统一培训内容、考核标准的；

（六）违反本条例第三十四条第三款，不按照规定制定公布自动体外除颤器配置规划和配置规范，或者不按照规定建立自动体外除颤器电子地图、导航和远程管理系统的；

（七）违反本条例第三十六条第三款，不按照规定据实支付“120”急救医疗补贴的；

（八）违反本条例第四十条，不按照规定组织开展院前医疗急救和紧急医学救援演练的；

（九）对急救医疗指挥机构、“120”急救网络医院、区域急救医疗中心、急救医疗指挥机构直属急救站及其工作人员违反本条例的行为不予查处的；

（十）不依法履行本条例规定的职责，损害公民、法人或者其他组织合法权益的其他行为。

第四十七条 急救医疗指挥机构具有下列情形之一的，由卫生健康行政主管部门责令限期改正；逾期不改正的，约谈其主要负责人；情节严重的，由有权机关对负有责任的主管人员和直接责任人员给予处理：

（一）违反本条例第九条第四项或者第二十七条第一款，不按照规定登记、汇总、统计、保存、报告急救呼救受理信息，或者不按照规定受理查询申请的；

（二）违反本条例第九条第五项，不按照规定组织培训或者考核指挥调度人员、急救人员的；

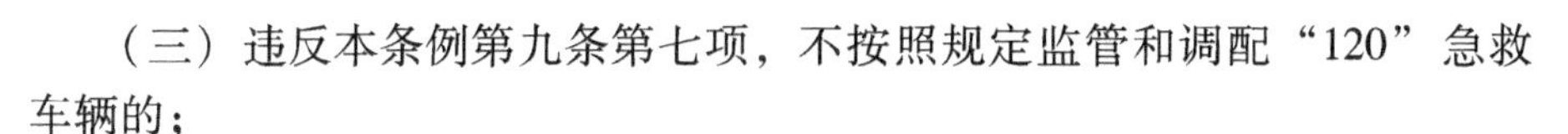

（三）违反本条例第九条第七项，不按照规定监管和调配“120”急救车辆的；

（四）违反本条例第九条第八项，在重大社会活动的急救医疗保障或者突发事件紧急医学救援工作中，不履行协助义务的；

（五）违反本条例第十九条第三款，将急救指挥、通信、物资保障等车辆挪作他用的；

（六）违反本条例第二十一条，不按照规定调度“120”急救网络医院、区域急救医疗中心、急救医疗指挥机构直属急救站的；

（七）违反本条例第二十六条，不按照规定发出调度指令，或者不按照规定进行协调处理的；

（八）违反本条例第四十条，不按照规定组织开展院前医疗急救和紧急医学救援演练的。

第四十八条 “120”急救网络医院、区域急救医疗中心、急救医疗指挥机构直属急救站及其工作人员违反本条例规定，有下列情形之一的，由卫生健康行政主管部门责令限期改正；逾期不改正的，对单位予以通报批评，并对该单位处以五千元以上两万元以下罚款；情节严重的，对该单位处以两万元以上十万元以下罚款，由有权机关对负有责任的主管人员和直接责任人员依法给予处理；构成犯罪的，依法追究刑事责任：

（一）违反本条例第十三条第一款，不按照规定建立专职院前医疗急救队伍或者配备急救人员的；

（二）违反本条例第十四条第一项，不执行二十四小时应诊制的；

（三）违反本条例第十四条第二项、第二十六条第一款、第二十七条第二款，拒绝接受急救医疗指挥机构指挥调度，或者不按照规定做好院前医疗急救信息的登记、汇总、统计、保存和报告等工作的；

（四）违反本条例第十四条第三项、第二十三条第一款，不执行急救医疗操作规范的；

（五）违反本条例第十四条第六项，不按照规定培训急救人员的；

（六）违反本条例第十五条，不按照规定履行特殊医疗保障、突发事件紧急医学救援支援职责，或者不按照规定履行院前急救培训、质量管理等职责的；

（七）违反本条例第十九条第二款，不按照规定检查、检验、维护、更新、清洁或者消毒“120”急救车辆及其急救设备的；

（八）违反本条例第二十二条第一款、第二十六条，不按照规定派出

“120”急救车辆和急救人员的，或者不按照规定将患者送往指定医院的；

（九）违反本条例第二十五条第二款、第四十四条第一款，拒绝救治患者的；

（十）违反本条例第二十八条第三项，擅自动用“120”急救车辆执行非院前医疗急救任务的。

第四十九条 医疗机构违反本条例第二十六条的规定，不按照规定履行相应职责的，由卫生健康行政主管部门依照《中华人民共和国传染病防治法》《突发公共卫生事件应急条例》等法律、法规的规定处理。

第五十条 违反本条例第二十八条第一项、第二项规定，冒用急救医疗指挥机构、“120”急救网络医院、区域急救医疗中心、急救医疗指挥机构直属急救站、“120”的名称、急救标识，或者假冒“120”急救车辆名义的，由卫生健康行政主管部门责令改正，并处以三万元以上五万元以下罚款；属于未取得医疗机构执业许可证擅自执业的，由卫生健康行政主管部门依照《中华人民共和国基本医疗卫生与健康促进法》等法律法规的规定处理；构成犯罪的，依法追究刑事责任。

单位或者个人违反本条例第二十八条第四项至第八项规定，扰乱院前医疗急救秩序的，由公安机关依照《中华人民共和国治安管理处罚法》等法律、法规的规定处理；构成犯罪的，依法追究刑事责任。

第五十一条 违反本条例第三十四条第一款，未按照规定配置自动体外除颤器的，由卫生健康行政主管部门责令其限期改正；逾期未改正的，由卫生健康行政主管部门处以一万元以上三万元以下罚款。

第五十二条 有关单位及其工作人员违反本条例第四十二条的规定，不履行社会急救医疗保障义务造成严重后果的，由有权机关责令改正，对负有责任的主管人员和直接责任人员依法给予处理；构成犯罪的，依法追究刑事责任。

第七章　附则

第五十三条 本条例自2023年5月1日起施行。

附录2　《广州市社会急救医疗管理条例》实施工作方案

为贯彻落实新修订的《广州市社会急救医疗管理条例》（以下简称《条例》），规范我市社会急救医疗行为，提高社会急救医疗服务水平，根据《广州市人民代表大会常务委员会监督地方性法规实施办法》有关规定，结合我市工作实际，制定本工作方案。

一、总体要求

（一）指导思想

坚持以习近平新时代中国特色社会主义思想为指导，深入贯彻习近平总书记关于人民至上、生命至上，保护人民生命安全和身体健康可以不惜一切代价的重要指示精神，坚持把人民健康放在优先发展的战略地位，以《条例》实施为契机，通过宣传好、实施好《条例》，进一步织密社会急救医疗服务网络，补齐短板弱项，构建社会大急救体系，保障人民群众身体健康和生命安全。

（二）工作职责

市卫生健康委负责统筹全市社会急救医疗工作，组织实施《条例》。

各区政府，市委宣传部、市委编办、市人大常委会法工委、市人大教科文卫委、市政府办公厅、团市委、市发展改革委、市财政局、市民政局、市公安局、市应急管理局、市规划和自然资源局、市交通运输局、市教育局、市市场监督管理局、市文化广电旅游局、市人力资源和社会保障局、市港务局、市医疗保障局、市住房城乡建设局、市工业和信息化局、市政务服务数据管理局、市体育局、市林业和园林局、市红十字会、广东省通信管理局、市消防救援支队、中国铁路广州局有限公司、广东省机场管理有限公司等单位按照《条例》规定的职责，做好社会急救医疗管理等工作。

（三）目标任务

完善《条例》相关配套政策，建立健全有关体制机制，确保《条例》工作落实到位。广泛深入地做好《条例》宣传工作，扩大全社会对社会急救医疗的知情权、参与权和监督权，形成人人关心、参与和支持社会急救医疗的良好氛围。

二、主要制度及分工落实

（一）总则部分基本制度

1. 根据国民经济和社会发展需要，将社会急救医疗事业纳入卫生健康事业发展规划，建立稳定的经费和人员保障机制，保障社会急救医疗事业与社会经济同步协调发展。（《条例》第三条）

（责任单位：市卫生健康委、市发展改革委、市财政局，各区政府。）

2. 定期组织开展面向社区、农村以及机关、企业事业单位等的急救知识和技能的宣传教育培训，增强公众的急救意识和自救、互救能力。报刊、电视、广播、网络等媒体应当刊播社会急救医疗公益广告，向公众宣传救死扶伤的精神，普及急救医疗知识和技能。学校应当采取多种形式，对教职工和学生进行急救知识和技能的宣传教育培训。居民委员会、村民委员会和物业服务企业应当协助开展急救知识的宣传教育及培训，提高居民的急救意识。（《条例》第五条）

（责任单位：市卫生健康委、市委宣传部、市教育局、市民政局、市红十字会、市住房城乡建设局，各区政府依职责落实。）

3. 建立跨区域社会急救医疗合作机制，推动粤港澳大湾区卫生与健康事业协同发展。（《条例》第六条）

（责任单位：市卫生健康委、市公安局、市交通运输局。）

（二）院前医疗急救网络

4. 编制本市院前医疗急救网络设置规划，报市人民政府批准后公布实施。（《条例》第七条）

（责任单位：市卫生健康委、市发展改革委、市财政局、市规划和自然资源局、各区政府。）

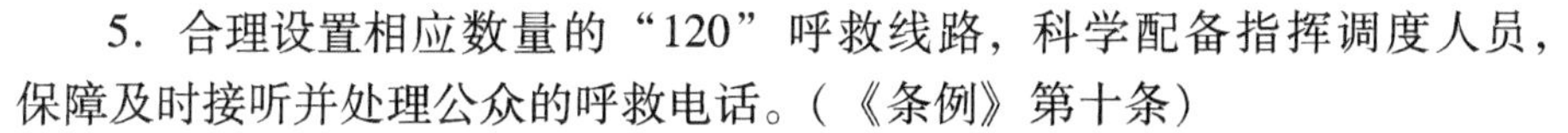

5. 合理设置相应数量的“120”呼救线路，科学配备指挥调度人员，保障及时接听并处理公众的呼救电话。（《条例》第十条）

（责任单位：市卫生健康委、市人力资源社会保障局、市委编办、市财政局、市工业和信息化局。）

6. 建立广州地区“120”指挥平台，对院前医疗急救网络实行全程动态信息化管理。加强市区两级“120”中心的区域协同工作机制，提升突发事件、传染性疾病等方面的应急处置指挥协调能力。（《条例》第十一条）

（责任单位：市卫生健康委、市财政局、市工业和信息化局、各区政府。）

7. 根据本市实际情况设立区域急救医疗中心、急救医疗指挥机构直属急救站。根据《广州市急救站点布局规划》，开展面向全市11个区的可行性调研，了解全市急救医疗资源现状，撰写全市急救资源现状调研报告，完善《广州市急救站点布局规划》，并拟定网络医院、区域急救医疗中心、直属急救站的建设标准。在急救资源供需矛盾突出的区域，对有条件作为“120”急救网络医院或急救站的各级各类医疗机构，开展入网评审。（《条例》第十三条）

（责任单位：市卫生健康委、市发展改革委、市人力资源社会保障局、市规划和自然资源局、市住房城乡建设局、市财政局、各区政府。）

（三）院前医疗急救救治

8. “120”急救网络医院、区域急救医疗中心或者急救医疗指挥机构直属急救站应当在接到急救医疗指挥机构的调度指令后三分钟内派出“120”急救车辆及急救人员。（《条例》第二十二条）

（责任单位：市卫生健康委、市公安局。）

9. 急救人员到达现场后，应当在确保施救环境安全的情况下，按照急救医疗操作规范立即对患者进行救治。（《条例》第二十三条）

（责任单位：市卫生健康委、市公安局、市应急管理局。）

10. 根据突发事件医疗应急预案分级分类组建急救转运专门队伍，并指导、规范社会急救医疗救治工作，保障救治渠道畅通。（《条例》第二十六条）

（责任单位：市卫生健康委、市应急管理局。）

11. 对急救医疗指挥机构进行监督、检查，每年定期组织对“120”急救网络医院、区域急救医疗中心、急救医疗指挥机构直属急救站进行考核，

并向社会公布考核结果。(《条例》第二十九条)

(责任单位：市卫生健康委。)

12. 向社会公布急救医疗监督电话，接受举报和投诉，对被举报、投诉的行为依法进行处理。(《条例》第三十条)

(责任单位：市卫生健康委。)

(四) 社会公众急救

13. 建立公众急救培训体系，人民警察、消防救援人员、政务服务人员、学校教职工、安保人员、旅游业及公共交通业从业人员所在单位应当组织上述人员参加急救培训。(《条例》第三十二条)

(责任单位：市卫生健康委、市公安局、市应急管理局、市政务服务数据管理局、市教育局、市文化广电旅游局、市交通运输局、市消防救援支队。)

14. 火车站、长途汽车站、客运码头、城市轨道交通站点、机场、高速公路服务区、体育场馆、风景旅游区等场所的管理单位，经营高危险性体育项目的企业，建筑施工单位以及大型工业企业等，应当配置必要的急救器械和药品，在生产经营时间安排经过急救培训的工作人员或者志愿服务人员在岗，并在院前医疗急救和突发事件中协助开展紧急现场救护。(《条例》第三十三条)

(责任单位：市卫生健康委、团市委、市交通运输局、市体育局、市工业和信息化局、市教育局、市民政局、市文化广电旅游局、市市场监督管理局、市林业和园林局、市港务局、中国铁路广州局有限公司、广东省机场管理有限公司。)

15. 制定公布自动体外除颤器（AED）的配置规划和配置规范，建立自动体外除颤器电子地图、导航和远程管理系统，方便公众查询、使用。配置单位负责自动体外除颤器（AED）日常管理工作，对自动体外除颤器（AED）定期检查、维护保养和做好记录，组织相关人员完成心肺复苏和除颤仪使用的规范化培训，并获得相应培训合格证书和定期举行针对突发心脏骤停患者的应急演练。(《条例》第三十二条、第三十四条)

(责任单位：市卫生健康委、市交通运输局、市体育局、市工业和信息化局、市教育局、市民政局、市文化广电旅游局、市林业和园林局、市港务局，中国铁路广州局有限公司、广东省机场管理有限公司。)

16. 支持和鼓励急救医疗志愿服务组织、急救医疗志愿者等社会力量参

与社会公众急救活动。鼓励单位和个人对社会急救医疗事业进行捐助和捐赠。(《条例》第三十五条)

(责任单位：市卫生健康委、团市委、市红十字会、市民政局。)

(五) 社会急救医疗保障

17. 设立院前医疗急救专项经费，并纳入本级财政预算。(《条例》第三十六条)

(责任单位：市、区卫生健康行政部门，市、区财政局。)

18. 加大对辖区内急救医疗的财政投入，完善“120”急救网络医院、区域急救医疗中心、急救医疗指挥机构直属急救站布点。(《条例》第三十七条)

(责任单位：市卫生健康委、市委编办、市人力资源和社会保障局、市规划和自然资源局、市住房城乡建设局、市财政局、各区政府。)

19. 配备“120”急救车辆，建立“120”急救车辆清洗消毒场所。(《条例》第三十七条)

(责任单位：市卫生健康委、市发展改革委、市规划和自然资源局、市住房城乡建设局、市财政局。)

20. 根据本市社会急救医疗发展规划，制定指挥调度人员和急救人员的引进、培养和职业发展年度计划。(《条例》第三十八条)

(责任单位：市卫生健康委、市人力资源社会保障局、各区政府。)

21. 建设急救与灾难医学技能培训基地、医疗保障与应急物资储备库。建立突发事件紧急医学救援专家库。建立健全陆地、空中与水上急救医疗联动机制，发展多元化急救医疗服务体系。(《条例》第三十九条)

(责任单位：市卫生健康委、市公安局、市发展改革委、市规划和自然资源局、市住房城乡建设局、市应急管理局、市财政局、各区政府。)

22. 将院前医疗急救服务产生的符合规定的医疗费用纳入城镇职工医疗保险、城乡居民医疗保险的报销范围。(《条例》第四十一条)

(责任单位：市医疗保障局。)

23. 制定和公布急救医疗服务收费标准及调整机制，并按照医疗救助有关规定及时据实支付属于社会救助对象的患者的急救医疗费用。(《条例》第四十二条)

(责任单位：市医疗保障局。)

24. 支持和鼓励社会力量开展社会急救培训、配置自动体外除颤器

（AED）、建立社会急救志愿队伍等社会公众急救建设。（《条例》第四十五条）

（责任单位：市红十字会、市卫生健康委。）

三、配套规章制度的制定落实计划

（一）拟新制定的配套规划机制等（8项）

1. 制定广州市社会急救医疗发展规划。

市卫生健康委会同市发展改革委、市财政局，2023年9月30日完成。

2. 编制广州市院前医疗急救网络设置规划。

市卫生健康委会同市发展改革委、市财政局，2023年9月30日完成。

3. 制定自动体外除颤器（AED）配置规划和配置规范，建立自动体外除颤器（AED）电子地图和远程管理系统。

市卫生健康委会同市交通运输局、市体育局、市工业和信息化局、市教育局、市民政局、市文化广电旅游局、市政务服务数据管理局、市林业和园林局、市港务局、中国铁路广州局有限公司、广东省机场管理有限公司，2023年9月30日完成。

4. 制定社会公众急救培训计划，统一培训内容和考核标准。

市卫生健康委会同市公安局、市应急管理局、市政务服务数据管理局、市教育局、市文化广电旅游局、市交通运输局、市消防救援支队，2023年6月30日完成。

5. 制定广州市社会急救医疗网络准入与退出管理机制。

市卫生健康委，2023年4月30日完成。

6. 建立突发事件紧急医疗救援专家库。

市卫生健康委，2023年9月30日完成。

7. 制定公共场所急救器械、药品配置目录。

市卫生健康委会同市市场监督管理局、市红十字会，2023年6月30日完成。

8. 制定指挥调度人员和急救人员引进、培养和职业发展年度计划。

市卫生健康委会同市人力资源社会保障局，2023年6月30日完成。

（二）拟修订的配套政策（3 项）

1. 完善突发事件医疗应急预案。

市卫生健康委会同市应急管理局、市民政局、团市委、市红十字会等单位，2023 年 4 月 30 日完成。

2. 修订《广州市“120”院前急救工作考核办法》。

市卫生健康委会同市财政局、市人力资源社会保障局，2023 年 6 月初完成。

3. 制定急救医疗补贴标准。

市卫生健康委会同市财政局，2023 年 6 月初完成。

（三）已印发需继续落实的政策文件（2 项）

1. 制定指挥调度系统扩容方案。

市卫生健康委会同市人力资源社会保障局、市财政局，2022 年 3 月 30 日已完成。

2. 制定指挥调度系统一体化方案。

市卫生健康委，2022 年 1 月 31 日已完成。

四、宣传工作安排

（一）发布实施信息。市人大常委会发布《条例》实施公告后，在政府官网，“中国广州发布”、“广州卫健委”等微信公众号发布《条例》施行信息。（责任单位：市政府办公厅、市卫生健康委，完成时限：2023 年 4 月 30 日前）

（二）广泛社会宣传。3 月上旬编印《条例》宣传海报、挂图，制作投放短视频，在医院、公交、地铁等人流集中的公共场所加强《条例》宣传。（责任单位：市委宣传部、市卫生健康委、市交通运输局，完成时限：2023 年 12 月 31 日前）

（三）多渠道政策解读。组织举办《条例》宣讲专题活动，邀请专家对《条例》进行阐释解读；举办知识竞赛、普法直播等主题活动，推进社会急救实践中相关单位贯彻执行《条例》的自觉性、主动性。（责任单位：市卫生健康委，完成时限：2023 年 11 月 30 日前）

（四）做好舆情应对。关注《条例》实施过程中的舆论引导，重点针对

舆情反映和社会关注热点，持续性地组织引导，为《条例》实施营造良好的社会环境。（责任单位：市卫生健康委，完成时限：长期）

五、培训计划

（一）培训对象

1. 市、区卫生健康行政部门工作人员、监督执法人员。
2. 医疗机构负责人、相关职能科室负责人、院前急救相关医务人员。
3. 市、区急救医疗指挥机构负责人、工作人员。
4. 政务服务大厅、机场、火车站、客运码头、城市轨道交通站点、高速公路服务区、风景旅游区、学校、体育场馆、养老服务机构、大型商场等公共服务场所工作人员。

（二）培训时间和要求

1. 第一阶段（2023 年 4 月中旬前完成）。我委将组织开展对卫生健康行政部门工作人员、监督执法人员、医疗机构人员、急救医疗指挥机构人员的培训，解读政策变化情况。目前，已召开全广州地区院前急救从业人员的条例宣贯会议。下一步，我委将继续督促各单位开展学习培训，提高全体相关人员对《条例》的了解、熟悉程度。

2. 第二阶段（2023 年 4 月底前完成）。由各行业主管部门组织，做好本行业人员培训工作，主要是了解熟悉《条例》的主要内容。

3. 第三阶段（2023 年 12 月底前完成）。重点面向政务服务大厅、机场、火车站、客运码头、城市轨道交通站点、高速公路服务区、风景旅游区、学校、体育场馆、养老服务机构、大型商场等公共服务场所工作人员开展宣传。通过送法上门以及日常监督检查活动，向相关单位和社会公众宣传普及《条例》。

六、开展法规文件清理

市卫生健康委组织相关部门开展涉及《条例》的地方性法规、政府规章和行政规范性文件清理工作，按照“谁组织实施、谁清理”的原则，市、区各有关单位对照《条例》清理现行有效的地方性法规、政府规章和行政规范性文件，提出初步清理意见后报市卫生健康委。市卫生健康委整理汇总后，向市司法局反馈。

七、《条例》实施后评估

市卫生健康委依据《条例》赋予职责，会同相关部门做好检查督导，定期评估《条例》实施情况，做好整改验收落实，确保法规实施效果。

参考文献

[1] 郝志梅，田炜. 日本急救医疗服务体制的现状及问题 [J]. 中国卫生事业管理，2009，26（2）：139－140.

[2] 何大鹏，王忠，辜福贤，等. 探路国外先进急救体系 [J]. 当代医学，2007（9）：36－40.

[3] 何美娟，许玲玲，马明丹，等. 国内外院前急救的现状 [J]. 护理管理杂志，2016，16（1）：24－26.

[4] 黄清华. 英国卫生体系基本法研究 [J]. 法治研究，2012（8）：46－59.

[5] 霍布斯. 利维坦 [M]. 黎思复，黎廷弼，译. 北京：商务印书馆，1985：270.

[6] 姜雨杉，刘远立. 构建急救医疗保障体系的国际经验与中国现状 [J]. 中国卫生政策研究，2013，6（10）：60－64.

[7] 金姗，何淑通. 不同国家院前急救医疗服务发展概况及启示 [J]. 职业卫生与应急救援，2022，40（4）：506－510.

[8] 李巍，项晓培. 院前急救诊疗常规和技术操作规范 2013 版 [M]. 北京：人民卫生出版社，2014.

[9] 孟洪德，刘莎莎，寇磊，等. 分析廊坊市 120 指挥调度信息系统医疗优先分级调派系统的实际应用情况 [J]. 中国卫生标准管理，2017，8（1）：17－19.

[10] 彭碧波，郑静晨. 美国应急管理变革背景下的应急医疗服务体系变迁 [J]. 中国应急管理，2019（2）：62－64.

[11] 托克维尔. 论美国的民主 [M]，董果良，译. 北京：商务印书馆，1991.

[12] 王亚东，梁万年，刘兰秋，等. 国内外急救医疗服务立法研究 [M]. 北京：中国经济出版社，2009：36.